「はてな？」

「なるほど！」

「だったら!?」

でつくる算数授業

―問いの連続が生み出す「主体的・対話的で深い学び」―

細水保宏
大野桂
岡田紘子
加固希支男
盛山隆雄
瀧ヶ平悠史
松瀬仁
山本大貴 著

教育出版

はじめに

明星大学　細水 保宏

教師であれば，担任した子どもたちの能力を伸ばしたいと誰でも感じているはずです。

ところが，どうしても遅れがちな子どもに目がいき，教科書の問題を噛み砕いて丁寧に指導したり，ドリルや宿題を増やして手厚い指導をいくら行っても成果があまり見えてこない，むしろ，やればやるほど子どもたちの算数の力が伸びなくなってしまったりする，そう感じてはいませんか。

「できる」「わかる」はもちろん大切ですが，実は「算数が面白い！」と感じるかどうかが大きく伸びに影響してきます。しかし，ただ楽しく活動すればよいのではないことも実感しているはずです。そこには，算数の本質である，算数のよさや美しさ，考える楽しさに迫る授業を創っていくことが大切なのです。

学習指導要領では，「主体的・対話的で，深い学び」を通して，子どもたちの「資質・能力」の育成が叫ばれています。そのための授業づくりを考えたとき，教師自身が算数の本質に迫る活動自体を楽しむ心，算数のよさや美しさを楽しむ心，子どもと関わりながら一緒に授業を創りあげていくことを楽しむ心を持って授業に臨んでいくこと，授業力を鍛えること，そして，何より，教師の人間性を豊かにしていくことが大切であると考えます。教師が変わると子どもが変わります。

本書は，算数が楽しい，算数が好きという子どもたちを増やしたい，そのための確かな学力を身につけさせたいと思っている先生方に，教科書教材をもとに，授業をちょっと変えるヒントが提供できればと考えて企画したものです。

「算数好きを増やしたい」と熱く感じている８人のメンバーが実践をもとに書き上げました。

キーワードは，「『はてな？』，『なるほど！』，『だったら!?』で創る深い学び」です。

是非，参考にしていただけると幸いです。

目　次

「はてな？」「なるほど！」「だったら!?」で創る深い学び

明星大学　細水 保宏

1　「数学的活動」で楽しさの質を変える

紙コップをできるだけ高く積み上げるゲームを取り入れた授業を１年生で行った。どのグループが一番高く積み上げることができるかのゲームである。子どもたちの神経は，紙コップを倒さないように，そしてより高く積み上げることに集中している。

飲み口を交互においていきながら，タワーのように高く積み上げる。何度も失敗を繰り返しながら，一番下の段を増やしてピラミッド型に積み上げていくアイディア，いろいろなアイディアが出されてくる。そのときの子どもたちの眼は輝いている。グループの友達と協力して行う活動の楽しさ，喜びがその輝きから感じられる。したがって，単純な活動でも何度も何度も繰り返し挑戦する姿が見られる。そして，その都度，歓声を上げたりはしゃいだりしている。

しかし，できないと判断して諦めたり飽きたりしたときは，眼の輝きがすっと失せる。また，ただ積み上げるだけでは次第に満足できなくなってくる。

そこで，途中で作戦タイムの時間をとる。２回戦で勝負することを伝え，グループ毎に作戦を立てる場を作る。すると，その高さを数値化して記録しておくアイディアが出される。そして，今度はその数値をもとに新記録へ挑戦しようとする。何度も挑戦を繰り返していくうちに，さらに新たなアイディアが生み出されて，より一層熱中して考えながら取り組む姿が見られる。そこには，輝きの変容がある。楽しさの質の変容である。

「数学的活動」は，このように算数の楽しさ，面白さの質を変えることができる。この質の変容を大切にしたい。そこで，子どもが活動に熱中する姿から「よりよい数学的活動の条件」となるための条件を挙げてみた。

「よりよい数学的活動の条件」

○思わず面白そうと感じられるもの

やってみる前から面白そうと感じる。その意味から，単純，シンプルさが条件の１つであろう。

○やってみて面白さが見えてくるもの

やってみるうちに新たな面白さが見えてくると，継続して取り組む姿が見られるようになる。バージョンアップできたり，奥が深いものに自然に変えていったりできるといったものも条件の１つになる。

○自分の成長が見えるもの

周りと競争しての結果や前回の結果と比較して自分の成長が見えると，より自分を高めていこうとするエネルギーが生まれてくる。

○知的好奇心がくすぐられるもの

思わず数理の世界に引き込まれたり，活動の途中から数理の世界に入っていったりすることができる。

○数学的な見方・考え方のよさが味わえるもの

算数の世界に引き込まれたり，数学的な見方・考え方のよさや美しさが味わえたりできる。

○教師自身が面白いと思ったもの

教師は，いつも自分のクラスの子どもたちが面白がるかどうかのフィルターを持っている。教師自身が面白いと感じたものは，子どもたちも面白いと感じることができる。

2 「数学的活動」の充実で授業を変える

「数学的活動」は，

○問題を見いだす力（問題発見力）

○問題を解決する力（問題解決力）

○発展的・統合的に考える力（問題追究力）

の育成に大きく関わってくる。

これまで，問題解決型学習において，主として問題解決力の育成に力が入れられてきたが，これからは，問題発見力，問題追究力の育成にも力を入れていかなければならない。

そこで，授業づくりはどのように変えたらよいであろうかを考えてみる。

⑴ 型にとらわれない，型を破る，新しい型のバージョンを創り，豊かにする

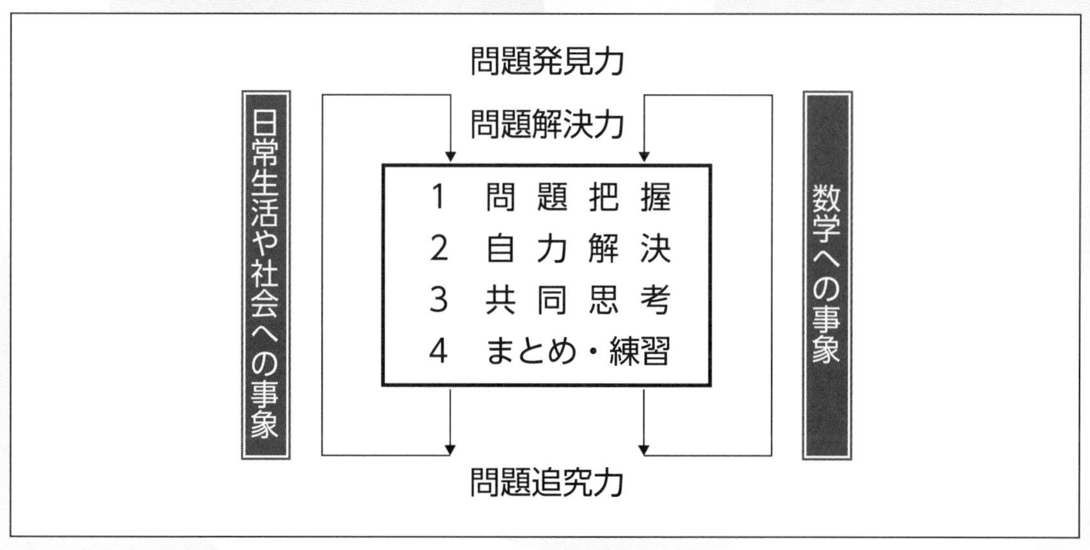

一般的に行われている問題解決型学習（問題提示—自力解決—共同思考—まとめ）の型を身につけ，問題解決力を伸ばすことは大切である。しかし，型が先行し，その型でなければならないといった状況を多く見かける。例えば，低学年と高学年とほとんど同じように展開がなされている授業などである。子どもの発達段階を考えると，型にとらわれすぎている気がしてならない。また，いつも授業の最初に教師から問題が与えられるといった姿も数多くみられる。このように，問題発見力や問題追究力の育成に焦点を当ててみると，問題解決型学習の授業が変わってくる。

例えば，次のような観点からの授業改善が考えられる。

○数学的活動を柱とした子ども主体の授業構成

○問題発見力育成に向け，問題提示に至るまでに焦点を当てた授業

○問題追究力育成に向け，一話完結型から連続ドラマ型への授業変換。例えば，２～３時間を１パックとした授業

○よさに気づく，よさを味わうことに焦点を当てた比較の場，鑑賞の場を設けた授業

○はらはら，わくわく，どきどきする感動のある授業

⑵　対話を重視する

学習指導要領では「主体的・対話的で深い学び」がキーワードとしてあげられているが，私は,「対話」として，次の３つを考えている。

○対象(問題)との対話

問題の意味がわかるか，問題が解けそうか，既習の問題と似ているところはないかなど，問題を解く前に問題と会話することが必要である。その場を保証することが大切で，子ども自身で問題に働きかける力をつけていきたい。見通しを立てるなどがこの場に当たる。

○友達や先生との対話

一般的に授業で行われているペア学習やグループ学習などがこれに当たる。ところが，現状の対話は，クラスが盛り上がることはあっても，新しいものが生まれてくることが少なく，何のための対話か，対話してよかったと感じているのか，対話の仕方を身につけるために指導がなされているのかなどがはっきりしない場面が多い。

○自分自身との対話

自分自身との対話は，自分の成長を感じ，成就感，達成感，自己肯定感等を感じることができ，次の学びへのエネルギーを得ることができる。「振り返り」が叫ばれるようになったのもその１つであろう。

3　算数のよさや美しさ，考える楽しさを味わう授業づくり

「先生が出会った算数の問題で,『面白い！』と感じた問題をやってみる？」と問いかけて，次のような問題（式１）を紹介した。

ＡＢＣＤ×９＝ＤＣＢＡ

```
  ＡＢＣＤ
×      ９
――――――
  ＤＣＢＡ
```

（式１）

左から読んでも右から読んでも同じ並びの式，いわゆる回式と呼ぶことができる問題である。

「ＡＢＣＤに当てはまる０から９までの数を入れましょう。同じ記号には，同じ数字が入ります。」と投げかける。

最初は試行錯誤で一生懸命に取り組む姿が見られる。しかし，途中からＡ×９が１桁になることに気づき，まずＡ＝１になることを見つける。さらに，Ａ＝１がわかると，次に，Ｄ＝９，

そして，B＝0，C＝8が次々にわかってくる。（解：ＡＢＣＤ＝１０８９）。

１つの解がわかると次々にわかってくる面白さ，それが筋道立てて考える楽しさである。

その後，式２の問題を提示する。

ＡＢＣＤ×４＝ＤＣＢＡ

$$
\begin{array}{r}
ABCD \\
\times \quad 4 \\
\hline
DCBA
\end{array}
$$

（式２）

すると，式１を解いた経験から同じように考え，まずＡ＝２（Ａは１か２であるが，一の位のＡは，Ｄ×４で偶数でなければならないため一意に決まる）。さらに，Ｄ＝８，そして，Ｂ＝1，Ｃ＝７が次々にわかってくる。（解：ＡＢＣＤ＝２１７８）。

式１で悩んでいた子どもも式２では眼を輝かせて取り組んでいた。また，他にもＡＢＣＤ×□＝ＤＣＢＡとなる計算がないか追究していく子どもの姿も見られた。

子どもたちが一生懸命に取り組む姿を見ながら，「面白い教材」の視点から考えてみると，子どもたちが動き出す教材を考えるヒントが見えてくる。

本問題については，次のものであろうか。

〇シンプルである

〇解けそうであるが，適度なハードルがある

〇筋道立てて考えると，答えが見えてくる

〇問題から問題が生まれてくる

もちろん，「面白い」だけでは，よい教材とはいえない。

算数の授業を楽しく，魅力あるものにすることが大切であるが，ただ単に楽しく活動すればよいのではない。算数の本質である，算数のよさや美しさ，考える楽しさに迫る授業を創っていくことが大切である。

私は，「算数のよさや美しさ，考える楽しさ」として，次のものを考えている。

≪算数のよさや美しさ≫

- 簡潔さ―簡単にできる
- 明瞭さ―わかりやすい
- 的確さ―確かである
- 統一性―いつでも使える

≪考える楽しさ≫

- 発見する楽しさ
- 創る楽しさ
- 活用する楽しさ

4 「はてな？」「なるほど！」「だったら，～」で授業を創る

毎日の授業での学習の積み重ねが，子どもたちの資質・能力を育てるのである。「主体的・対話的で深い学び」の実現を図ることによって，子どもたち一人一人の「資質・能力」を伸ばす。そのために，算数のよさや美しさ，考える楽しさを味わうことのできる授業づくりを目指していきたい。

実際の授業では，日常生活の場面や算数の問題場面の中から，子どもたち自身で「はてな？」（「問い」）を見つけ，自分で解いたり友達と話し合ったりしながら，新しい知見を得て「なるほど！」（感動）を感得させたい。さらに，「だったら，～」と新しい知見を追究（活用・発展）していく授業を創っていきたい。そのためのポイントを挙げてみる。

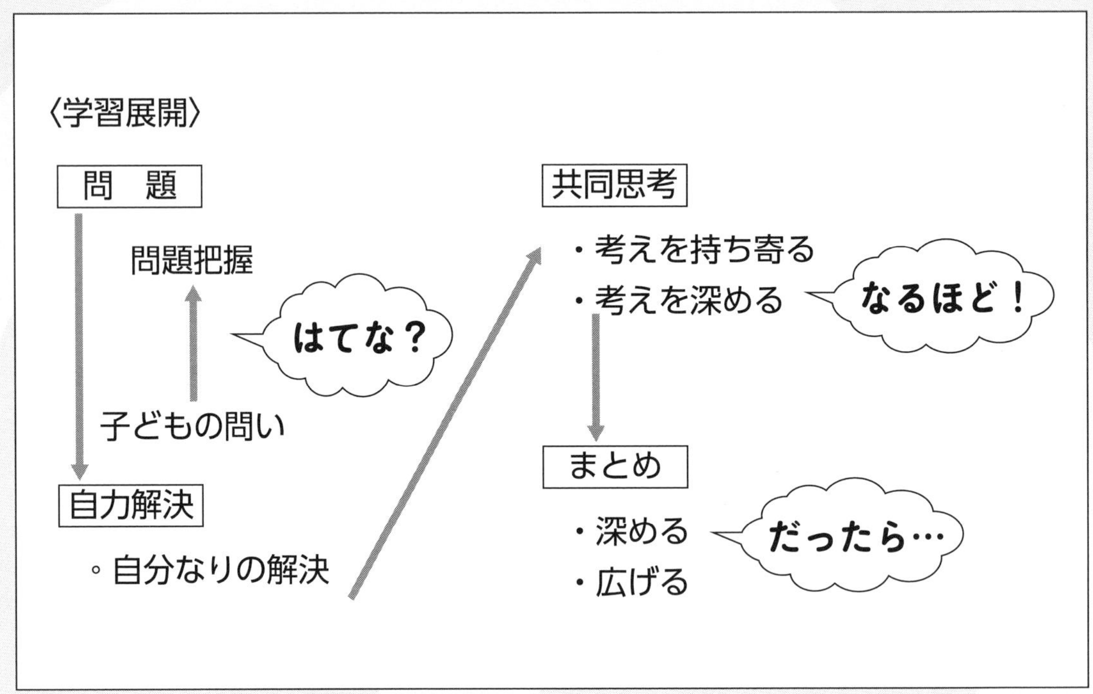

⑴　学習のねらいをはっきりさせる

まず，本時，子どもたちにつけさせたい力（ねらい）を明確にする。ともすると，教科書でまとめられている知識・理解や技能面だけになってしまう恐れがある。知識・理解，技能面だけでなく，数学的な見方や考え方，態度といった面のねらいもはっきりもって，授業に臨むことが大切である。

⑵　授業づくりは，まず「なるほど！」から考える

授業づくりのコツとして，私はまず「なるほど！」を考えるようにしている。この「なるほど！」は，一般的に本時のねらいに直結している見方・考え方や知識・技能で，育てたい力だからである。つまり，「なるほど！」が引き出される数学的活動から，数学的な見方・考え方，考える楽しさが生まれてくる。

⑶　「なるほど！」に結びつく「はてな？」を考える

何も工夫をしなければ，子どもたちから「なるほど！」は出てこない。そこで，次に，「なるほど！」に結びつく「はてな？」を考える。この，「はてな？」が子どもたちの口から生まれてくるように，問題と問題提示を工夫していく。この部分が子どもたちをよく知っている担任だからこそできることであり，教師の腕の見せ所となる。

「問題を創る」「問いを生む」数学的な活動を多く取り入れていくことで，問題発見力を育てていくことができる。同時に，知的好奇心や眼のつけどころが養われ，追究していこうとするエネルギーも生まれてくると考えている。

⑷　「なるほど！」からつながる「だったら，～」を考える

算数は，系統性が豊かな教科である。したがって，１つの問題を解決すると，新しい問題が見えてくることが多い。「なるほど！」を感じたら，「だったら，～」と考えて，問題を広げたり，深めたりしていくことができる。つまり，「なるほど！」と味わって終わりではなく，その先を見てみたいと思う心が，問題発見力や問題追究力を生み出す。このような追究していく活動自身が楽しいと感じる子どもたちに育てていくことが大切である。

⑸ 「面白さ」の観点から味つけをする。

「できる，わかる」ようにしようとするあまり，「面白さ，楽しさ」が感じられない授業が増えてきていいる気がしてならない。「面白さ」の観点からちょっと工夫を加えていくと，授業が大きく変わってくる。

例えば，２年生の「かけ算」の導入で，次のようなシールを貼った紙を用意し，それをフラッシュカードとして順に提示する。

①
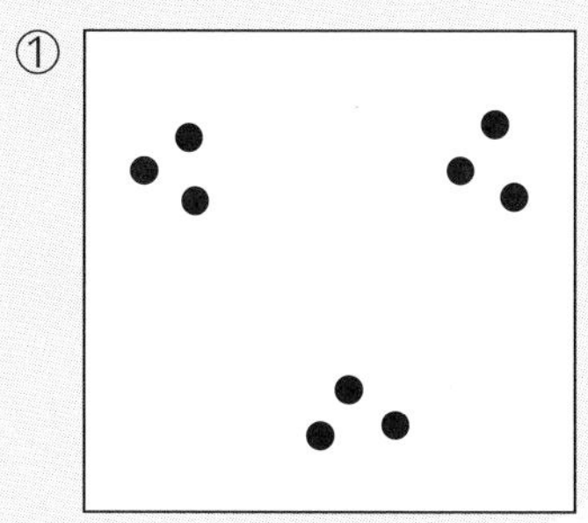
②
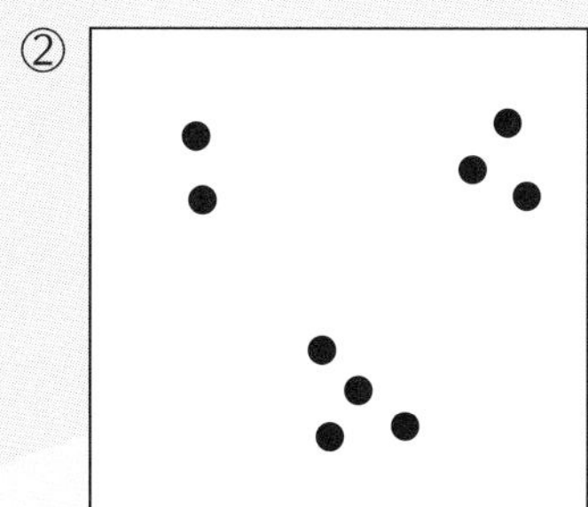
③
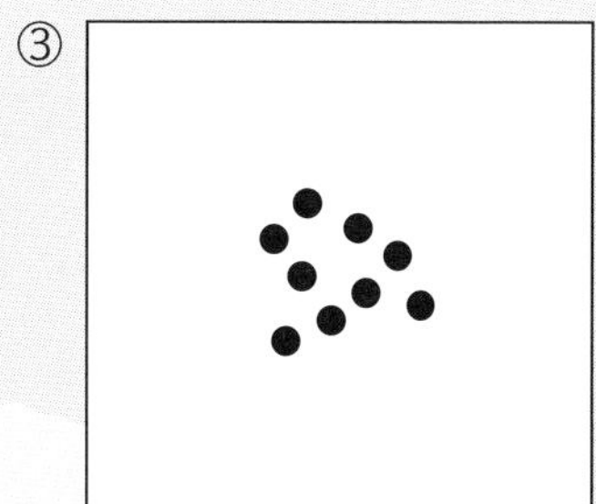

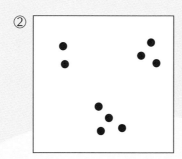

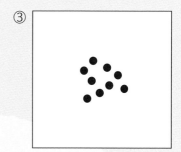

一瞬で，見逃した子どもたちからは，「もう一回見せて」「もっと長く見せて」といった声が聞こえる。そして，集中して取り組む姿が見られる。

カードを数回見せた後，その個数を聞き，「本当に？」と問い返す。自分の答えに自信がある子どもたちは，「だって，～」といったその根拠を伝えようとする姿が見られるようになる。

そこで，子どもの考えを黒板に板書する。

①
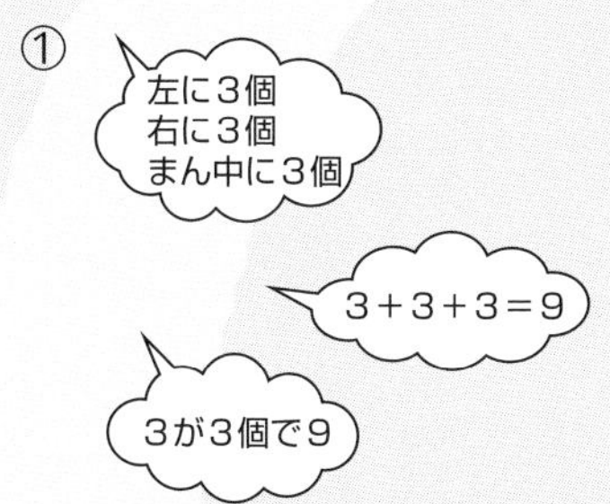

②
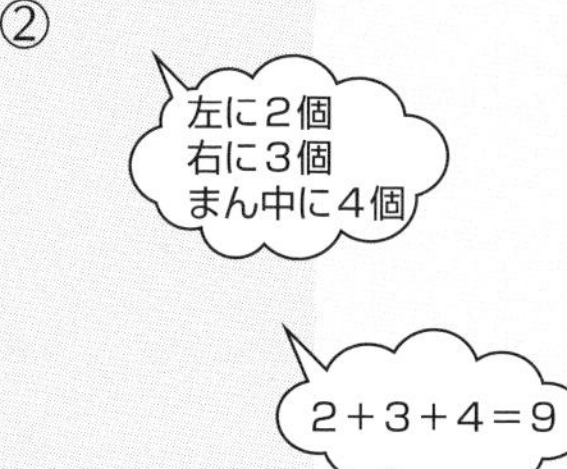

③

③がここでのポイントである。「わあ～！」や「え～！」といった声を期待する。

そして，その声が出てきたら，「どうしてその声を出したの？」と聞く。

「まとまりが分かれている方がわかりやすい！」

この一言を引き出したいのである。

ここでは，「いくつかのまとまりにすると見やすい」「まとまりのいくつ分とみる力を育てること」をねらいとしているからである。

このように，ねらいに迫る子どものつぶやきや仕草を，人に伝えたくなるような場で引き出していくように授業を創っていくことが大切である。

そのねらいさえはっきりしていれば，教科書も効果的に活用することができる。

第２学年「かけ算」の導入では，図１のように教科書の挿絵にその工夫がなされている。

したがって，教科書をちょっとアレンジする力も大切である。

図１

教育出版　算数２上　P. 4

教育出版　算数２上　P. 3

５　授業をちょっと変えてみよう！

授業をちょっと変えると，子どもたちも変わってくる。教師のちょっとした一言で，子どもたちの動きが変ってくる。その繰り返しが，「主体的・対話的で，深い学び」を創る。

⑴　「いいですか？」「わかりましたか？」の問いかけをやめる

これをやめるだけで，算数の授業は大きく変わってくる。この問いかけが，「いいです」「わかりました」といった返事の声だけが響く，盛り上がらない原因を作っている。「だったら，～」である。「いいのかな？」「本当にいいの？」と問い返し，判断を子ども側に委ねると，子ども主体の動きに変わってくる。

⑵　「えっ？」「本当に？」「絶対？」で，「だって，～」を引き出す

「えっ？」「本当に？」「絶対？」と聞き返すと，「だって，～」という言葉を子どもたちから引き出すことができる。この「だって，～」に続く言葉は，論理であることが多い。算数は論理を学ぶ学問でもあるので，論理を引き出すことができるこれらの言葉は，魔法の言葉ともいえる。

⑶　「だったら，～」で新しい問題を創ること

１つの問題を解決して終わりとするのではなく，「だったら，～」で新しい問題を創る展開が，活用する楽しさ，追究する力と態度を育て，算数の本質に迫ることができる。

⑷　教師が答えを自分から言わないこと

教師は教える，指導するという立場でいるので，どうしても正解を言う，言いたくなってしまうところがある。もし，正解を言わなかったならば，判断する場が子ども側に生まれ，アクティブな姿が見られる。もちろん，最終的な正解や価値づけは伝えなければならないが，それを教師側から押しつけるのではなく，子どもから引き出していきたいと考えている。正解を伝えるのを次時まで待つこともよい方法と感じている。

6　今こそ授業力を鍛えよう！

授業を行っていく上で，教師の力が大きく影響していることはいうまでもない。授業改善を目指すには，まず算数好きを増やすという観点を持つこと。そのためには，教師自身が算数の面白さを味わうこと。算数の授業を子どもと一緒に楽しむこと。そして，何より，教師自身が授業力を鍛えることであると考えている。

私は，教師の授業する力を「授業力」と呼んで，次の４つで捉えている。

《授業力》

⑴　授業観を持つこと
- どのような子どもになって欲しいのか望ましい子ども像を持つこと
- どのような授業をしたいのか望ましい授業像を持つこと

⑶　教材研究力を鍛えること
- 教えたい内容，育てたい力を明確にすること
- 面白い素材を見つけること
- 心動かされる場面が生まれるように教材化を図ること

⑶　学習指導力（指導と評価を行う力）を鍛えること
- 一人一人を捉える眼を持つこと
- 一人一人に応じた指導ができる力を持つこと
- 価値づけし，それを伝えることができること

⑷　豊かな人間性を持つこと
- 笑顔，身振り手振り，適切な間，包容力，安心感，学びの場と空間を創ることなど，教師自身が豊かさを持つこと

「主体的・対話的で，深い学び」を通して，子どもたちの「資質・能力」の育成が叫ばれている。そのための授業づくりを考えたとき，教師自身が算数の本質に迫る活動自体を楽しむ心，算数のよさや美しさを楽しむ心，子どもと関わりながら一緒に授業を創りあげていくことを楽しむ心を持って授業に臨んでいくこと，そして，何より授業力を鍛えること大切である。

ところが，この「授業力」は，一朝一夕に身につくわけではない。しかし，今行っている授業を振り返り，ほんのちょっと工夫してみるだけで授業が変わってくる。すると，子どもたちが変わってくる。その積み重ねで，教師の授業力は鍛えられていく。つまり，子どもたちたちから学んでいこうとする姿勢こそが授業づくりでは何より大切なのである。

まず，子どもの変容を見てみよう。そして，その変容から，自分を変えてみよう。教師が変わると授業が変わる，さらに，子どもが変わってくるのだから。

1年　繰り上がりのあるたし算

どんぐりは全部で何個あるでしょう?

1 ねらい

本時では，９＋４のような１位数＋１位数で繰り上がりのある加法計算の仕方を考える。その際,「10とあといくつ」という数の見方を活用して計算することが大切である。なぜ，９＋４では４を１と３に分けるとよいのか，その理由を問うことで，10のまとまりを作るよさに気づかせていきたい。

また，計算の仕方について，ブロックを操作したり，言葉，式，図を用いて表現したりする活動を行うことにより，どのように10のまとまりを作っているのか表現できるようにしていく。そして，数の合成分解や10の補数，10より大きい数で学習した10と３で13という数の見方など，既習事項を用いて計算を行っていく。１年生の学習では，10のまとまりを意識させる場面が多くある。さまざまな単元を通して，数の見方を豊かにしていくと同時に，十進位取り記数法の理解へとつなげていきたい。

2 教材，問題・場面設定について

本時の問題は，生活科の学習で行う「あきみつけ」の場面設定である。見つけてきたどんぐりを合わせるといくつになるかを考えさせる。ともこさんは３個，なおきさんは５個，ひろこさんは９個，こういちさんは４個どんぐりを持っている。

はじめに，ともこさんとなおきさんのどんぐりを合わせると何個になるかを問う。３＋５＝８となり，既習のたし算となる。次に，ひろこさんとこういちさんのどんぐりを合わせると何個になるかを問う。そして，ともこさんとなおきさんの式との違いを比べることで，答えが10より大きくなることが違うことに着目させ，未習と既習を意識させる。

また，どんぐりをブロックに置き換え，ブロックを操作させることで，計算の仕方を説明させていく。その際,「10のまとまり」を作ることを意識させることで，10のまとまりを作ると手際よく答えが見つかることを感得させていく。

ノートにも，言葉や図，式を用いて10のまとまりを作って計算していることを表現させる。そして，友達のノートを見て回る時間を設けて，よりわかりやすい説明の仕方を学ぶきっかけを作っていく。

3 学びを深める問いの連続

どんぐりをともこさんは３個，なおきさんは５個，ひろこさんは９個，こういちさんは４個持っています。

ともこさんとなおきさんのどんぐりを合わせると何個になりますか？

ひろこさんとこういちさんのどんぐりを合わせると何個になりますか？

ともこさんとなおきさんのどんぐりを合わせると３＋５で８になります。

ひろこさんとこういちさんのどんぐりを合わせると，９＋４という式になるね。答えが10より大きくなるよ。今までに勉強したたし算と違うね。

はてな

9＋4の答えがかんたんにわかる方法はないかな？

考え❶

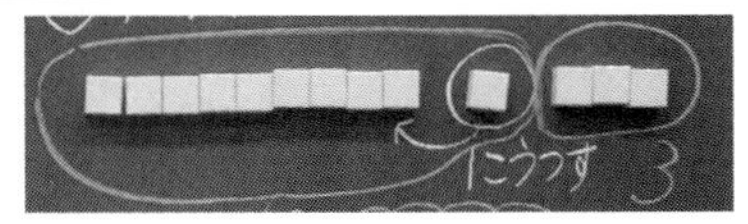

考え❷

４を１と３に分けます。
９と１をたして10です。
10と３で，答えは13です。

どうして４を１と３に分けたのかな？

10のまとまりを作ると，10と３で13と計算しやすくなるから。

10のまとまりを作ると，ブロックがいくつあるかぱっと見ただけでわかるよ。

なるほど

9＋4の計算は，10のまとまりを作って考えるといいね。

- ひろこさんのどんぐりと，ともこさんのどんぐりを合わせると何個になるかな？

だったら

他の式でも10のまとまりを作って計算できるかな？

4 問いをつくる工夫

?（はてな）を生み出すきっかけ

T：「あきみつけ」でどんぐりを拾ってきましたね。
　ともこさんは，どんぐりを３個拾いました。
　なおきさんは，５個拾いました。
　ひろこさんは９個，こういちさんは４個拾いました。

生活科の学習と関連させて，教科横断的な題材を扱い，**算数を日常に活かす経験を育む。**

どんぐりをブロックにおきかえたことを伝え，提示する。

T：ともこさんと，なおきさんのどんぐりを合わせると何個になるでしょう？
C：３＋５＝８で，８個です。

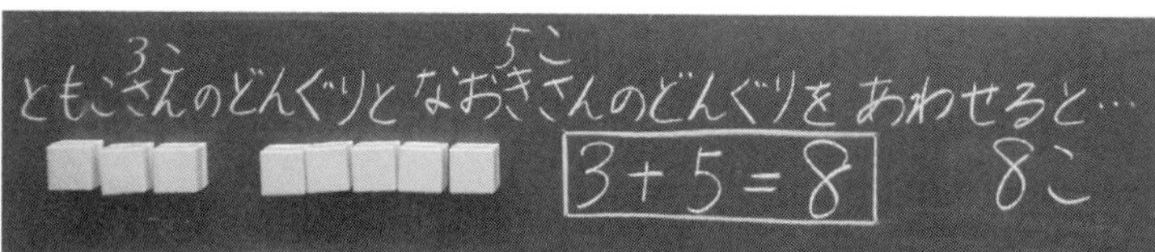

3こ
5こ
ともこさんのどんぐりと なおきさんのどんぐりを あわせると…
3+5=8
8こ

T：それでは，ひろこさんと，こういちさんのどんぐりを合わせると何個になるかな？
C：式は，９＋４になります。
C：答えは10より大きくなるから，今までに勉強したたし算と違うね。
C：ブロックの数を数えると，１，２，３…12，13です。
　答えは，13個です。

３＋５の式との違いを比べ，未習と既習を意識させる。

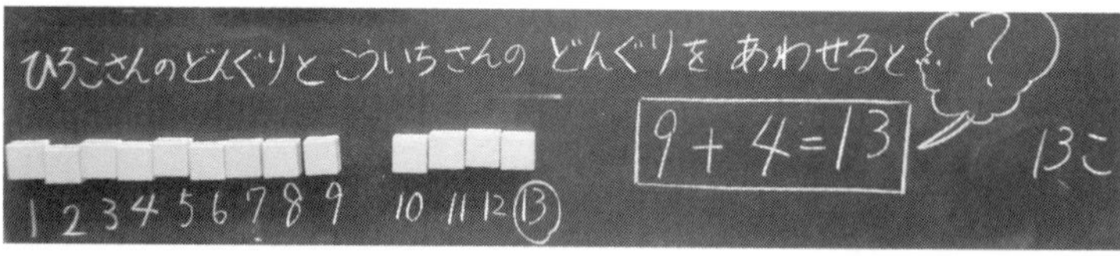

９＋４の答えがかんたんにわかる方法はないかな？

をつなぐ教師の役割

T：ブロックを使って考えてみましょう。

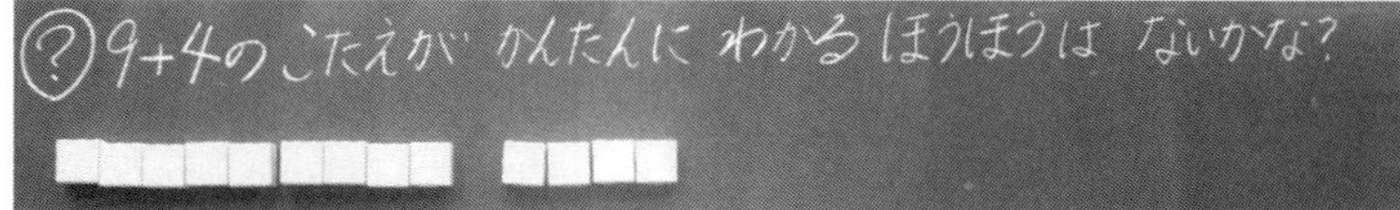

?9+4のこたえが かんたんに わかる ほうほうは ないかな?

C：９個のブロックに１個を移してたせばかんたんだよ。
　１個移すと10と３だから，答えは13です。

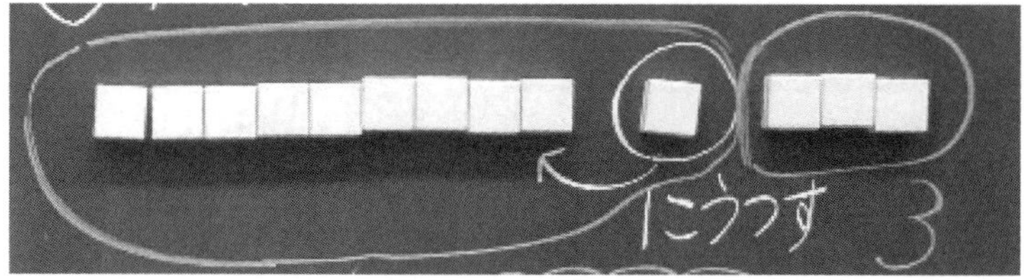

T：言葉で説明できる人はいますか？

> ブロックで操作したことを言語化させる。

C：４個のブロックを１と３に分けます。
　９と１で10になります。
　10と３で，答えは13です。

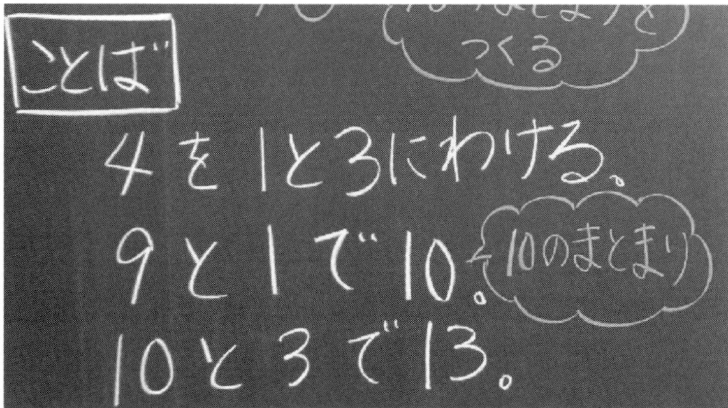

どうして４を１と３に分けたのかな？

C：10のまとまりにすると，計算しやすくなるからだと思います。

C：10といくつだったら，ぱっと見ただけでいくつあるかわかるから。

> **10のまとまりを作ることのよさ**をおさえる。

T：10のまとまりを作るといいのですね。それでは，ノートに10のまとまりを作っていることがわかるように説明を書いてみましょう。
　○の図や，数や式，言葉で説明してもいいですよ。

なるほど！からだったら！？へ

T：友達のノートに書いてあったことで，いいなと思ったことを発表してください。

C：図で10のまとまりがわかりやすく書いている人がいました。

C：式で10のまとまりを書いている人もいたよ。

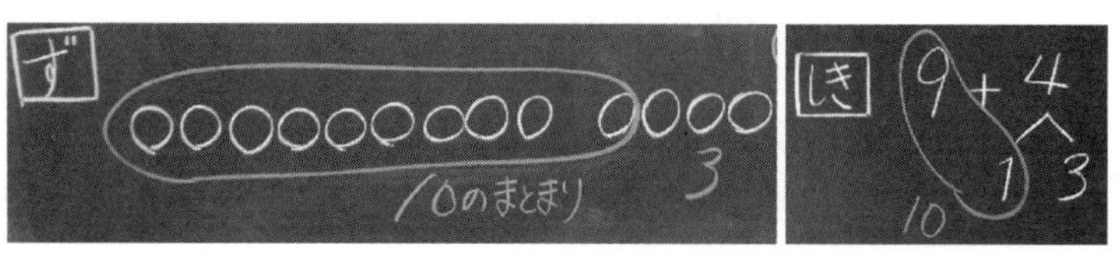

C：みんな，ノートに10のまとまりを作ることがわかるように書いてあるね。

友達のノートを見てまわる時間を設定する。
友達の表現の中で，いいなと思ったところを，ノートにメモさせる。

なるほど！ 9＋4の計算は，10のまとまりを作って考えるとわかりやすいね。

T：ひろこさんと，ともこさんのどんぐりを合わせると何個になるかな？

C：式は９＋３だね。

C：他の式でも，同じように10のまとまりを作って計算できるかな？

だったら！？ 他の式でも10のまとまりを作って計算できるかな？

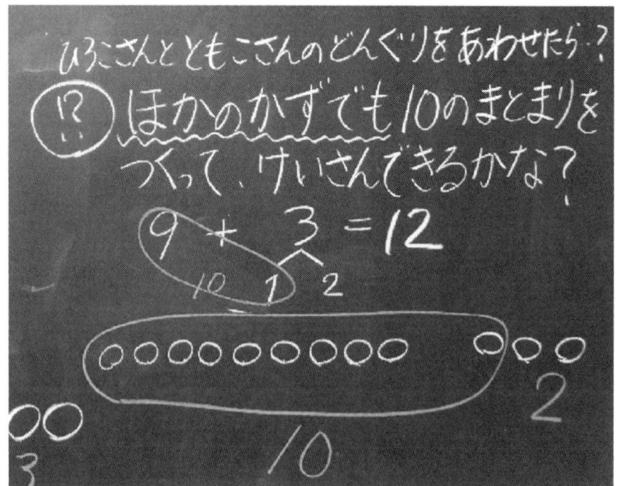

９＋４の計算と同様に，４を１と３に分けて，**９と１で10を作っていることを理解させる。**

T：ひろこさんと，なおきさんのどんぐりを合わせると何個になるかな？

C：式は９＋５だね。

C：同じように10のまとまりを作ればかんたんだね。

完成板書

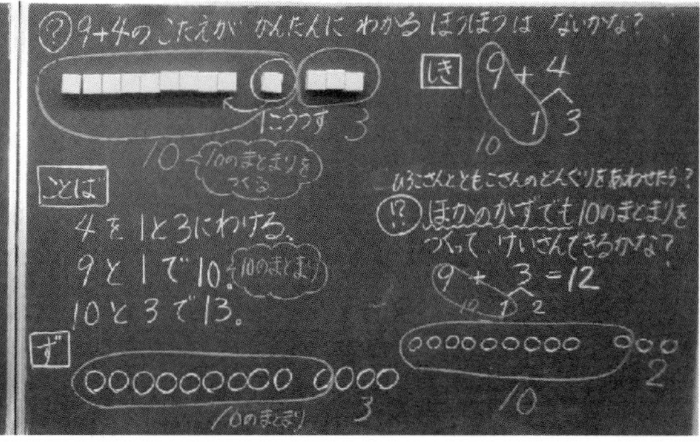

5 授業を振り返って

10のまとまりを作るということを大切に扱って授業を行った。10のまとまりを作る表現を，ブロック操作で行ったり，○の図を用いて10のまとまりを書いたり，４を１と３に分けて，９＋１＝10と式と数を用いて書いたりと，繰り返し10のまとまりを作ることを説明する場面を設けることで，計算の仕方の理解につながっていった。

次時では，７＋９の計算の仕方を取り上げた。加数の９を３と６に分解して７と３で10を作る考えだけではなく，被加数の７を１と６に分解して１と９で10を作る考えも子どもから発表された。

どちらの考えにも共通することは10のまとまりを作ることだということを子どもの言葉でまとめた。「10のまとまりを作って，10とあといくつ」という数の見方をしていることが共通していることであることを，さまざまな式を扱っていくことで，どの子どもにも気づかせていくことが重要である。

子どもによっては，７があといくつで10になるかすぐに出てこない子どももいる。10の補数を使う考えは，この後に学習する繰り下がりのひき算でも用いられる。10の補数がすぐに出てこない子どもに対しては，ブロックを使って考えさせたり，指を使って考えさせたりしてもよい。

本単元では，計算が早くできることを最初から目指すのではなく，なぜ数を分解してたすのか，その理由が説明できることや，計算の意味や計算の仕方を表現することに重点を置いて指導していきたい。

岡田紘子

1年　ひろさくらべ

どちらがひろいかな？

1 ねらい

1年生の量と測定の学習では，身の周りのものの特徴に着目し，量の大きさの比べ方を見いだしたり，量の大きさを表現したりすることを主なねらいとしている。そして子どもたちが体験を通して，身の周りにある量に関心をもって調べたり，身の周りのものの大きさの比べ方を見いだそうとしたりする態度を養っていく。

広さの概念形成にあたり，２つの面を重ね合わせて比較したり，単位図形のいくつ分か数値化したりするが，その際，対象を２次元の広がりとして認識させることが大切である。何を比較しているのかをはっきりと子どもに意識させることが，広さを比較するために必要なことである。そこで，広いとはどういうことなのか，子どもたちとともに定義づけし，直接比較や間接比較，任意単位による比較など，身近なものの広さをたくさん比べていく。

2 教材，問題・場面設定について

子どもたちの持っているハンカチの広さ比べを行う。そして，「○○の方が広い」ということはどういうことかをまず問い，一方が他方を完全に含んでいれば広いということを確認する。

多くのハンカチは正方形なので，ぴったり重なるか，片方のハンカチを広いハンカチの方に完全に乗せることができる。しかし，長方形のハンカチを提示するとどうだろう。正方形のハンカチと，長方形のハンカチを重ねると，正方形のハンカチがはみ出る部分と，長方形のハンカチがはみ出る部分ができてしまう場合があり，重ねただけでは比較することができない。そして，ハンカチなので，切ることもできない。

このように，直接比較だけでは比較できない場面を作ることで，間接比較や任意単位による比較の考え方を引き出していく。紙にハンカチを写し取り，広さを比べるとき，はみ出たところを切り取り重ねることとなる。切り取って移動し，形が変わっても広さは変わらないことも扱い，量の保存性について体験的に学ぶ機会を作る。

また，はみ出た部分に合同な形のものを敷き詰め，その数で比較する考え方が出たときに，なぜ，合同な形のものでないと比べられないのかを問う。長さの学習でも行った任意単位による比較を想起させ，関連づけて指導していく。

3 学びを深める問いの連続

ハンカチの広さ比べをしよう。

重ねれば広さを比べられるよ。
2 枚のハンカチを重ねたとき，
1 枚は全部重なって，もう 1 枚がはみ出したら，
はみ出した方が広いということだよ。

端をそろえると比べやすいよ。
ぴったり重なったら同じ広さと
いうことだよ。

2 枚のハンカチの端が両方はみ出してしまうときは，どうやって比べればいいのかな？

考え❶

ハンカチの形を紙に写し取って，はみ出た部分を切って重ねればいいよ。

考え❷

はみ出している部分に算数ブロックを敷き詰めて，数が多い方が広いんじゃないかな？

はみ出している部分だけを，算数ブロックを使って比べるのは，どうしてかな？

重なっているところは同じ広さだから，はみ出しているところだけ広さを比べればわかるよ。

長さを比べたときと同じで，同じもののいくつ分かで比べればいいからです。

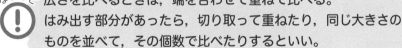

なるほど !

広さを比べるときは，端を合わせて重ねて比べる。はみ出す部分があったら，切り取って重ねたり，同じ大きさのものを並べて，その個数で比べたりするといい。

- クラスの中で 1 番広いハンカチを持っているのは誰かな？

クラス全員のハンカチの大きさを比べるにはどんな比べ方をしたらいいかな？

4 問いをつくる工夫

はてなを生み出すきっかけ

T：みんなが持っているハンカチの広さ比べをしましょう。
どうやったら広さが比べられるかな？
C：ハンカチとハンカチを重ねれば比べられます。
C：鉛筆の長さを比べたときと一緒で，端をあわせる。
T：隣の友達のハンカチと比べてみましょう。
T：どちらのハンカチが広いか，発表してください。
C：私のハンカチの方が広いです。端を合わせて重ねたら，はみ出しているからです。
T：みんながいっている「○○の方が広い」ってどういうことかな？
C：２枚のハンカチを重ねたとき，１枚は全部重なってもう１枚がはみ出したら，はみ出した方が広いということだよ。
T：さゆりさんのハンカチはあかりさんのハンカチと全部重なっていて，あかりさんのハンカチは残っている部分があるね。だから，あかりさんのハンカチの方が「広い」ということができますね。
C：私たちは，同じ広さでした。
T：どうなっていたら同じ広さといえるかな？
C：ぴったり全部重なっていると同じ広さです。
C：ぼくたちは，どちらが広いかわかりません。
ぼくのハンカチは細長いので，あみさんのハンカチもはみ出すし，ぼく（しゅうやさん）のハンカチもはみ出してしまいます。

「重ねる」「端をそろえる」といった直接比較のポイントを引き出すために，既習の長さ比べの方法を想起させる。

初めに，一方が他方に完全に含まれる２枚のハンカチの広さ比べを扱う。
子どもたちの言葉をつなぎながら**「広い」の意味を学級全体で共有する。**

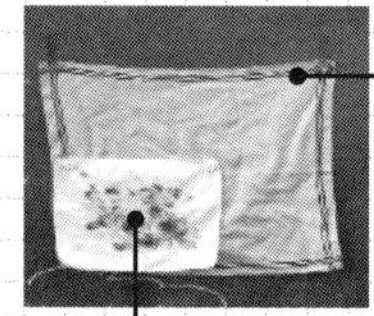
あかりさんのハンカチ
さゆりさんのハンカチ

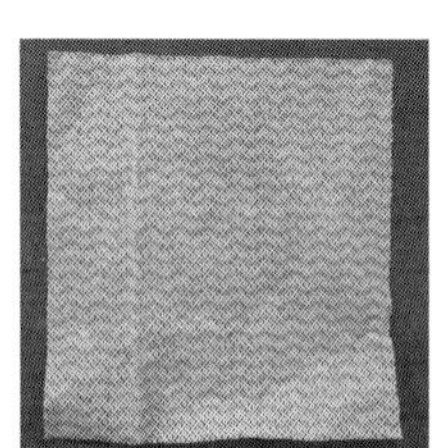
しゅうやさんのハンカチ

あみさんのハンカチ

次に，端をあわせて重ねると，両方がはみ出してしまう場合のハンカチを扱う。
端をそろえて重ねる方法では広さが判断できないことに気づかせ，はてなを生み出す。
子どもから長方形のハンカチが出なかった場合は，教師が用意したハンカチを提示する。

C：両方はみ出してしまうとき，どうやって比べたらいいかな？

はてな

２枚のハンカチの端が両方はみ出してしまうときは，どうやって比べればいいのかな？

？？をつなぐ教師の役割

T：あみさんのハンカチと，しゅうやさんのハンカチの広さは，どうやって比べたらいいかな？

C：ハンカチのはみ出ている部分を切って，重ねたいけど，ハンカチを切るわけにはいかない。

C：紙にハンカチを置いて，同じ広さの紙を作ったら切っても大丈夫だよ。

「友達のハンカチを切ることはできない」という子どもの発言を引き出し，**ハンカチの広さを紙に写し取って比較する（間接比較）活動や，同じ大きさの算数ブロック・色板等を敷き詰め，その数で比較する（任意単位による比較）活動につなげる。**

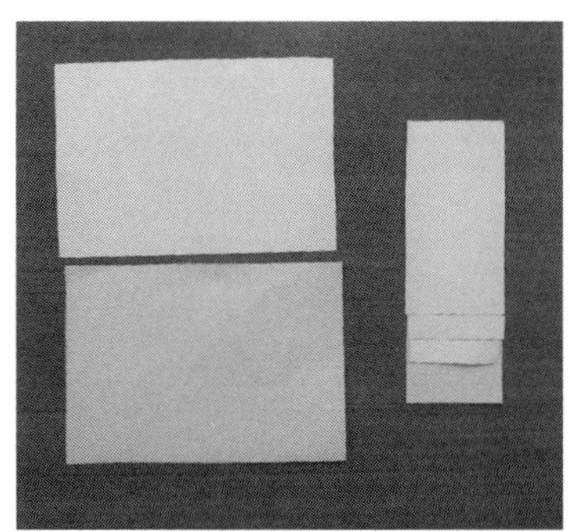

C：算数ブロックをはみ出ているところにおいて，算数ブロックの数で比べたらいいと思います。

C：はみ出している部分だけに算数ブロックをおいて比べているのはなぜだろう？

？？ はみ出している部分だけを，算数ブロックを使って比べるのは，どうしてかな？

C：重なっているところは同じ広さだからはみ出ているところだけ比べればわかるよ。

T：どうして算数ブロックを使おうと思ったのかな？

C：長さを比べたときと同じで，同じもののいくつ分かで比べないとだめだから，算数ブロックだと同じものがたくさんあるし。

C：あみさんのはみ出しているところは，ブロック27個分，しゅうやさんのはみ出しているところは，ブロック24個分だから，あみさんのハンカチの方が広いよ。

長さを比べたときと同じ方法（任意単位による比較）で広さを比べようとする子どもの発言を取り上げ，その意図や方法を問い返す。
これにより，広さも任意単位のいくつ分で数値化して比べられることに気づかせる。

なるほど！ 広さを比べるときは，端を合わせて重ねて比べる。はみ出す部分があったら，切り取って重ねたり，同じ大きさのものを並べて，その個数で比べたりするといい。

なるほど！から だったら！？へ

T：隣の友達とのハンカチ広さ比べはできましたね。
C：クラスで１番広いハンカチは誰のハンカチかな？
C：私と同じ広さのハンカチを持っている人もいるかな？
T：みんなのハンカチを比べるにはどうしたらいいかな？
C：班ごとに１番広い人を決めて，１番広かった人どうしで重ねて比べる。
C：１番広い人はわかるね。
T：３枚いっしょに重ねると，すぐに１番広いハンカチがわかりました。
C：でも全員のハンカチを重ねるのは大変です。

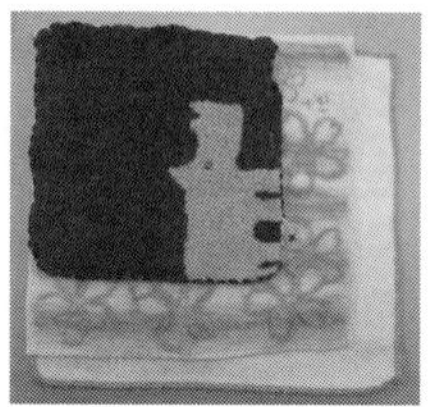

複数のハンカチの広さを比べる活動を設定し，複数の広さを同時に比べたり，任意単位のいくつ分かで比較したりする。

だったら！？ クラス全員のハンカチの広さを比べるにはどんな比べ方をしたらいいかな？

C：算数ブロック何個分か数えれば，みんなのハンカチの広さが簡単に比べられると思う。
C：広い順番もわかりそうだね。

ひろこさん	ブロック100個分
あやこさん	ブロック81個分
こういちさん	ブロック49個分

広さを数値化して比べると，複数の広さを一度に比較することができる。このことにより，任意単位による比較のよさに気づかせる。

C：ブロックは小さいから，たくさん並べないといけないから大変だね。
C：真四角の色板を並べたら，大きいから簡単じゃないかな。

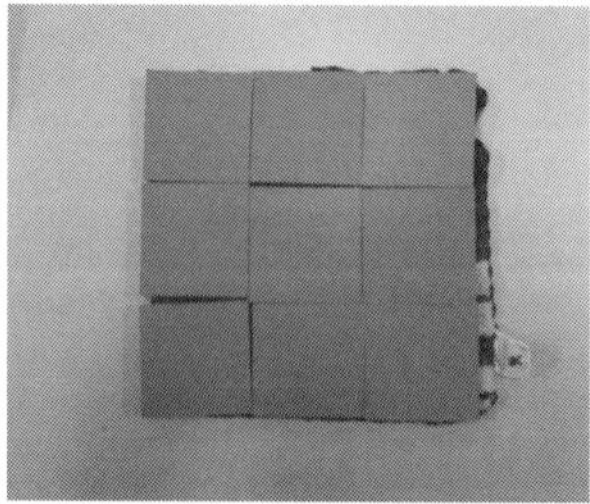

正方形の色板など，**敷き詰めるのにちょうどよい大きさのものを用意しておく**とよい。

C：色板を並べて，あまったところは，小さいブロックを並べてみたらどうかな。

完成板書

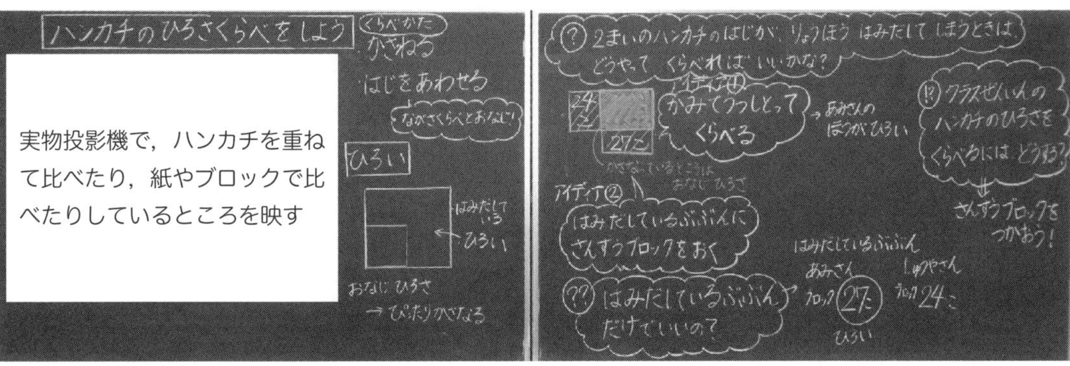

5 授業を振り返って

子どもたちにとってハンカチは「大きい」「小さい」という認識がある。「〇〇の方が広い」ということはどういうことかを，子どもたちと活動を通して確認し，「広さ」という量について丁寧に扱っていくことが必要であると感じた。

さまざまな量を認識する過程は，就学前から生活経験の中で培われてきている。長さを比較する経験は自然な日常の中で行われているが，広さの対象を２次元の広がりとして意識している子どもは少ない。だからこそ，広さという量を子どもに意識させるためには，直接比較などの広さを比べる体験を重ね，比べている対象を明確に理解させることが必要であろう。

本時では，最初に身近なハンカチの広さを取り上げた。多くのハンカチは正方形なので，同じ広さや，はみ出ているところがあると広いということを友達のハンカチと重ねて比べる体験をどの子どもも行うことができた。

任意単位による比較では，子どもたちがよく使用している算数ブロックや，色板を使う考えが出された。比較するものによってちょうどよい任意単位を使うことや，その任意単位が敷き詰められなくなったとき，下位単位となるような小さいものを敷き詰めるという考えは，今後普遍単位を学習していく中でも大切な考え方となる。

１年生の学びは，２年生以降の素地的な学びとなるので，子どもたちの素朴な考え方を価値づけ，教師は２年生以降のどの内容とつながっていくのか考えながら授業を進めていくことが求められるだろう。

第２時では，レジャーシートや本など身近なものの広さを比較する活動の時間を十分にとった。四角形だけではなく，葉っぱやハートの形の紙などいろいろな形の広さについても扱うことで，より広さという量を体感させていくことができた。

1年　データの活用

かずをせいりして

1 ねらい

学習指導要領では，「D　データの活用」領域が新設された。1年生では，身の周りの事象について関心をもち，個数に着目して簡単な絵や図などに表したり，それらを読み取ったりすることでその事象の特徴を捉えることをねらいとしている。

データの活用の授業では，統計的な問題解決活動において，「問題－計画－データ－分析－結論」の5つの段階からなる統計的探究プロセスがある。各学年に応じて軽重をつけて取り扱っていく必要があるが，低学年だからといって，これらのプロセスを扱わないというのではなく，1年生では，主に分析，結論の部分を重点的に扱っていきたい。1年生においても，文脈や目的がある中でデータを扱い，表にまとめたり，グラフに表したりして分析することを通じて問題解決する活動を行っていく。

2 教材，問題・場面設定について

生活科の時間に，子どもたちは1人1鉢あさがおの種を植えた。それぞれの鉢には，青，白，ピンク，紫の花がたくさん咲いた。同時に，教室の前にある花壇にも，あさがおの種を植えて一緒に育てていた。本時では，その花壇に咲いているあさがおの花を題材にした。あさがおの色や咲いた曜日について調べ，整理することで，花壇に咲いたあさがおの傾向を捉える場面を設定した。日常事象から課題を設定することで，算数を活用する経験を豊かにしていきたいと考えた。

本時では，あさがおの花の色と，あさがおの花が咲いた曜日が書かれたカードを用意し，グラフに表す活動を行う。観点を決めて集合を作り，比較しやすいように一列にそろえて並べ替える。その際，データが1対1対応するように，カードをそろえて均等に配置する必要があることを体験的に気づかせていきたい。

子どもたちからは，「何色のあさがおがたくさん咲いたのかな？」「何曜日にたくさん咲いたのかな？」という問いが生まれるだろう。色や曜日など，整理する観点によってデータの並び方を変えると，同じデータでもグラフが変わり，わかることも変わってくることを学び，次学年以降の学習につなげていく。

3 学びを深める問いの連続

教室の前の花壇に，あさがおの花が咲いています。月曜日から金曜日までに咲いたあさがおについて調べることにしました。子どもたちがかいた観察カードには，「あさがおの花の絵」と「曜日」がかいてあります。

ピンクと紫のあさがおがたくさん咲いていたね。

月曜日と金曜日が多そうだけど，どちらが多いかな。

何色のあさがおがたくさん咲いたのかな？
何曜日にたくさん咲いたのかな？

考え❶
青・白・ピンク・紫の色ごとにカードを並べると，どの色のあさがおが多いかわかるよ。

考え❷
曜日ごとにカードを並べると，何曜日にたくさんあさがおが咲いたのかわかるよ。

カードをそろえてきれいに並べたいって，どういうことかな？

縦と横をそろえてカードを並べると，どの色が多いことがわかるね。

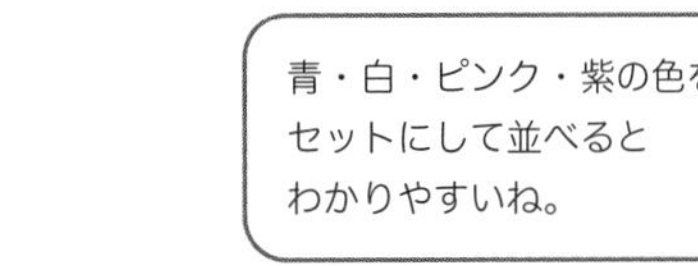

青・白・ピンク・紫の色を
セットにして並べると
わかりやすいね。

色や曜日など，仲間ごとに整理して，縦や横をそろえてカードを並べると，どれが多いかよくわかる。

- ノートにあさがおの絵をたくさん書くのは大変だから，○で書いてメモしておこう。
- 自分のあさがおも何色がたくさん咲いたか調べたいな。

自分のあさがおは何色が多く咲いたのかな？
花壇のあさがおと自分のあさがおは同じ結果になるかな？

問いをつくる工夫

はてなを生み出すきっかけ

T：みんなが観察カードに書いたあさがおの絵をコピーしてあさがおカードをつくりました。

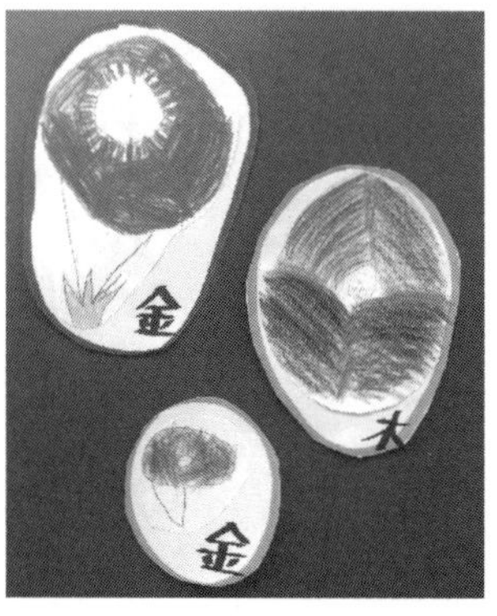

T：あさがおカードを黒板に貼りますね。

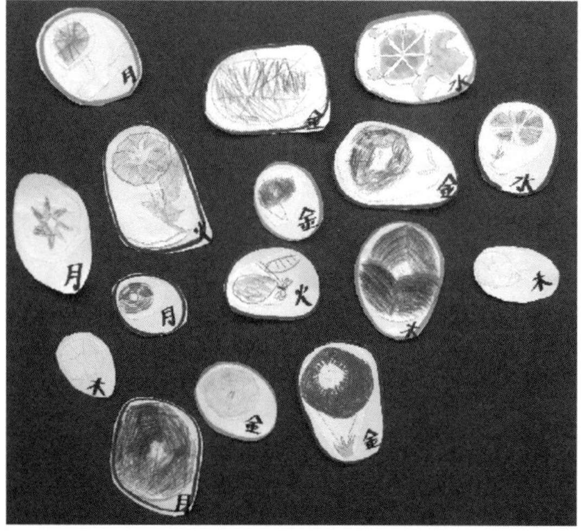

C：５日間で16個のあさがおが咲いたんだ。
C：ピンクのあさがおがたくさんあるね。
C：火曜日は２個しか咲いていないね。
C：何色のあさがおが多いのかな。
C：何曜日にたくさん咲いたのかな。

はてな
何色のあさがおがたくさん咲いたのかな？
何曜日にたくさん咲いたのかな？

C：ばらばらにはってあって，どの色が多いかわかりません。
C：あさがおの色ごとに集めてみたらどうかな。

生活科の学習と関連させて教科横断的な題材を扱い，算数を日常に活かす経験を育む。

あさがおの観察カードの絵をコピーして，**あえて不ぞろいな大きさで絵グラフのカードにする。**

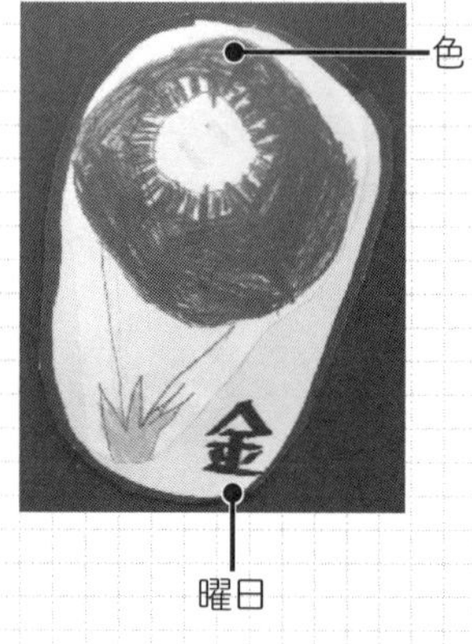

?? をつなぐ教師の役割

T：それでは，まずは，どの色のあさがおが多いか調べてみましょう。色の種類ごとにカードを集めて貼りましょう。

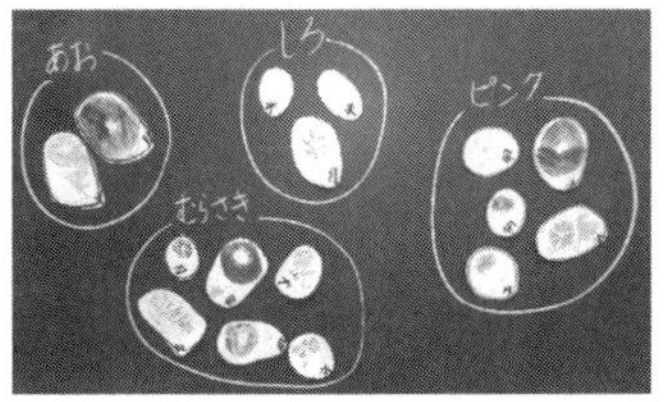

> ?（はてな）で出された２つの観点のうち，初めは「あさがおの花」に焦点化して，集合を作らせる。

C：１列に並べたらどれが多いかわかりやすいよ。
C：カードの大きさが大きいのも小さいのもあるから，並べただけだとどれが１番多いかわかりません。

> 「横にそろえてきれいに並べたい」という子どもの発言から「何を横にそろえるのか」と問い返す。
> **ものを１対１対応することで個数の大小を判断した経験**を想起させる。

?? カードをそろえてきれいに並べたいって，どういうことかな？

C：横をそろえてきれいに並べたいな。
C：青・白・ピンク・紫がセットになるように並べるとどれが多いかわかるよ。

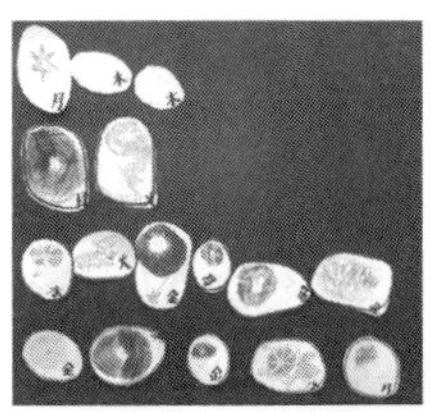

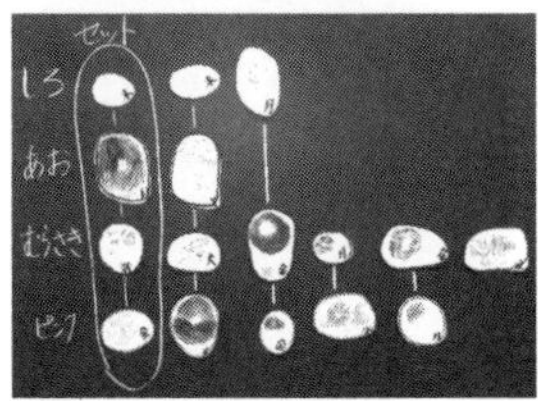

C：紫が１番多いことがわかりました。
C：２番目はピンクだね。
T：曜日ごとにも並べてみましょう。

> ?（はてな）で出された２つ目の観点（曜日）についても絵グラフに表す活動を扱う。
> これにより，**並べる観点を変えると，わかることも変わってくることを体験的に学ばせる**。

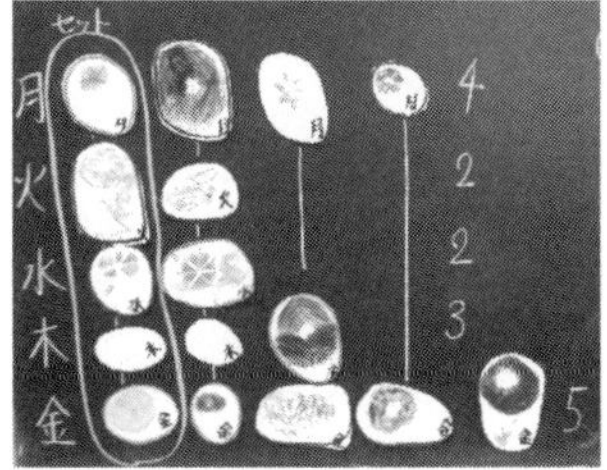

C：金曜日が１番多いね。

なるほど ! 色や曜日など，仲間ごとに整理して，縦や横をそろえてカードを並べると，どれが多いかよくわかる。

なるほど ! から だったら !? へ

C：金曜日が１番たくさん咲いていたね。
C：色は紫が１番多いね。
T：結果をノートに書いておきましょう。
C：あさがおの絵を全部ノートに書くのは大変だよ。
C：あさがおの絵のかわりに，○を書いてもいいですか？
T：○などの簡単に書けるものに置き換えて，ノートにまとめるアイディアはいいですね。

第２学年で学習する簡単な表やグラフの素地となるように，結果をノートに書くように促す。
子どもから，花の絵を○を使って書く考えが出されたら，大いに称賛して学級で共有する。

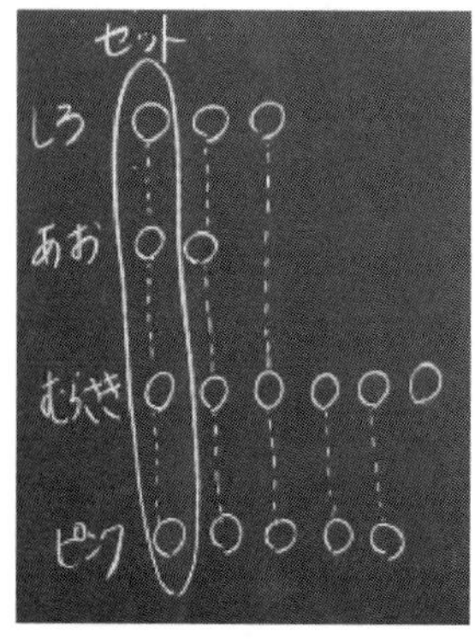

簡単な○のグラフを書くときは，○の大きさや，縦と横の位置をそろえて均等に書くことを，改めて確認する。

C：数もメモしておくとわかりやすいね。

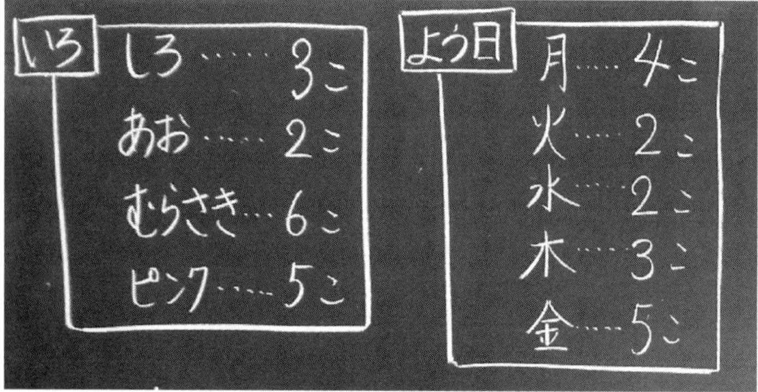

T：他にも，みんなが調べてみたいことはありますか？
C：自分のあさがおも紫が多いのか調べたいです。
C：私のあさがおも金曜日にたくさん咲いたのか，多く咲いた曜日が知りたいです。
C：クラス全体だと，どの色が１番たくさん咲いたのか知りたいな。
T：次の時間に，自分のあさがおの結果も調べてみましょう。

他に調べてみたいことを自由に発表させる。
その中から次時の課題へとつなげていく。

だったら !?
自分のあさがおは何色が多く咲いたのかな？
花壇のあさがおと自分のあさがおは
同じ結果になるかな？

完成板書

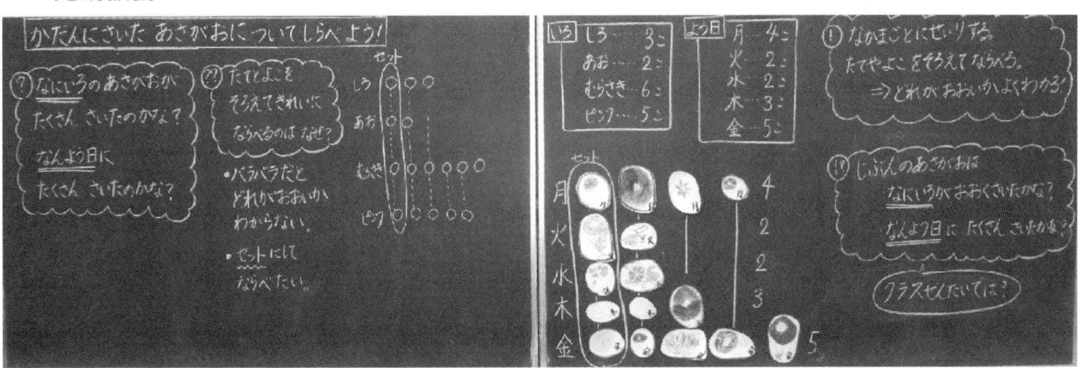

5 授業を振り返って

本時では，子どもたちにとって身近なことから課題を設定し，授業を行った。そうすることで，学んだことが算数の授業の中だけにとどまるのではなく，生活に活かしていこうとする態度も育くむことができる。子どもたちの生活場面と算数の学習を教師が意識してつなげていくことが大切である。

第２時では，自分が植えたあさがおのデータを調べ，花壇と自分のあさがおとの比較したり，クラス全体の傾向などを調べたりした。

本実践のように，あさがおの花を扱うことが難しい場合もある。そのような場合は，例えば，「好きな花調べ」として，クラスの子どもたちにアンケートをとり，その傾向を調べる活動も考えられる。いくつかの選択肢の中から好きな花とその色をアンケートし，子どもたちに花の絵を描かせ，その絵を整理する活動を行ってもよいだろう。

【花壇に植えたあさがおのデータ】

	青	白	ピンク	紫	合計
月曜日	1	1	1	1	4
火曜日	1	0	0	1	2
水曜日	0	0	1	1	2
木曜日	0	2	1	0	3
金曜日	0	0	2	3	5
合　計	2	3	5	6	16

日常場面から算数の問題を見いだし，探究する子どもを育てる

お茶の水女子大学附属小学校　岡田 紘子

⑴　日常場面から算数の問題を見いだして解決する

「自分で問いを見いだし，探究する力」を算数を通して子どもたちに育みたい。日常生活の中から問いを見いだす力を育むためには，日常生活や社会の事象を数理的に捉え，算数を用いて解決するという問題解決の過程を，教師が算数の授業で意識して扱っていく必要がある。その際には，問いが生まれる前の「なぜだろう？」「どうしたらいいかな」「何とかしたい」といった子どもの気持ちを大切に教師が見取り，授業の中で取り上げていくようにしたい。

日常場面から子どもたち自身が見いだした問いは，子どもたちにとって必要感を感じられる問いである。このような問いは，教師から与えられた問いではないので，子どもも主体的に問題に関わろうとする。自分１人で解決できなくても，友達と一緒に考え，学び合う中で，よりよい考えと高め合っていく。そして，みんなで意見を出し合って解決していく体験を積んでいくことで，子どもたちはよりよい問題解決の過程を学んでいくのである。

日常場面は，教材の宝庫である。給食や遠足の場面，また他教科における学習の場面から問いが生まれる時もある。「子どもたちが考えたいと思う問いはないか？」「子どもたちは，今どんなことに疑問を感じているのか？」と子どもの気持ちに寄り添いながら教材研究を行うことが大切である。探究し続けることが求められるのは子どもだけでなく教師自身でもある。

⑵　３年生「かけ算とわり算を使って」　～うどん作りを題材にして～

３年生の７月，子どもたちから「流しうどんをやりたい」という話が出て，１学期の最後の夏祭りで流しうどんをすることにした。その際，うどんやつゆも手作りのものを用意することになった。うどんチームの子どもたちがうどんの材料を調べてみると，レシピには「５人分」の材料が記されていた。うどんは150人分作ることになっていたので，まずは，必要な材料を計算するところからスタートだ。算数の時間を使って，必要な材料の量を求めていった。材料の分量が分からないと，買い出しにも行けない。「材料はどれだけ必要か」という問いは，子どもたちにとって必要感のある問いである。

うどんの材料（５人分）
- 中力粉…500ｇ
- 塩…40ｇ
- 水…260ｇ

Ｃ：150人分作るから，150÷５＝30　５人分を30セット作ればいいね。
Ｃ：中力粉は，500×30＝15000　15000ｇ＝15kgだね。たくさん必要だね。
Ｃ：塩は，40×30＝1200　１kgと200g分あればいいね。

後日，実際に家で５人分のレシピをもとにうどんを試作した子どもがいた。作ってみると，５人分を一度に作るのは大変だということがわかった。そこで，子どもたちとの相談の結果，１回で２人分ずつ作っていくことにした。しかし，ここで困ったことが起こる。今わかっている材料の分量は５人分である。**５人分の分量から，２人分の分量をどうやって求めればよいの**

か。ここでも，子どもから問いが生まれた。この出来事も，算数の時間に取り上げ，みんなで解決していくこととした。

C：２人分の分量は何ｇかな？

T：今わかっていることは，５人分の分量だよね。

C：中力粉だったら簡単にわかる。５人で500ｇだから，２人では200ｇだと思う。

５人の５と500ｇの５が同じというところから，２人分は200ｇだと思うという子どもがいた。しかし，この時点でははっきりした根拠がないままであった。

C：中力粉以外はどうするの？塩の量はどうやって求めればいいんだろう。

C：１人分だったらわかるんだけどな。

授業では，この１人分を求めるというつぶやきを丁寧に扱った。

T：１人分だったらどうやって求めるの？

C：÷5をすればいい。

C：１人分がわかれば，２人分はその２倍にすればいいんじゃない！

T：１人分を求めて，２倍すればいいという意見があるけれど，どういうことかな？

１人分を求めるアイディアを，クラス全体で共有した。図を使った説明，式を使っての説明など，どうして１人分を求めるといいのか友達の説明を聞き合う時間を設けた。

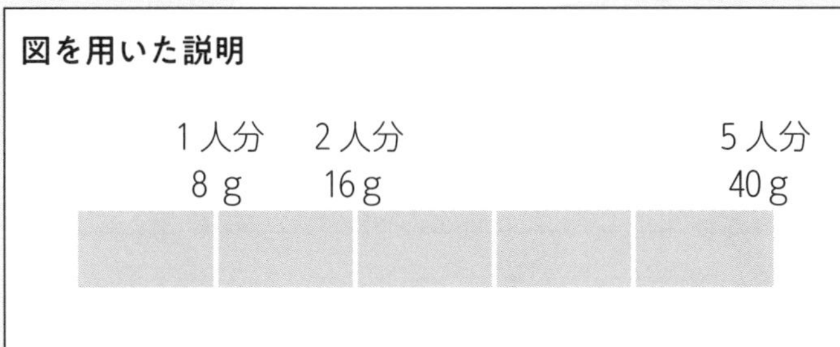

式を用いた説明

１人分を求める

40÷５＝8

２人分は，１人分の２倍だから

8×２＝16

だから，塩の分量は16ｇ

C：１人分を求めると便利だね。

C：１人分がわかれば，何人分でもわかるね。

子どもたちは友達の説明を聞き合う中で，１人分を求めるよさに気づいていった。この後，最初に考えた中力粉について，もう一度振り返った。感覚的に，２人前は200ｇかなと考えていた子どもたちも，塩の量を求めた方法を使って振り返り，改めて考え直した。

C：500÷５＝100　１人分は100ｇだから，２人分は100×２＝200ｇ

C：塩の分量の求め方と同じ方法で考えればよかったんだね。

最後に，水の量も塩や中力粉と同じように求め，授業を終えた。

子どもの学習感想には，「１人分を求めると塩も中力粉も何人分でもわかるからいいなと思いました。」「算数でうどん作りの問題をやっておもしろかった。算数って便利だと思いました。」など，算数を学ぶよさを感得している記述が多く見られた。

⑶　算数の眼で日常を見てみると

日常場面を改めて「算数の眼」で見てみると，面白いことがたくさんあるということを子どもに気づかせることで，問いを見いだす力は育まれていくと考える。日常の小さな場面に，たくさんの探究のきっかけが潜んでいるのである。

子どもにとって解決したい問題，必要感のある問題を扱っていくことで，算数を学ぶよさを実感することができる。問題に取り組んでいった際に生まれる面白さや不思議さ，違和感や困ったといった子どもの思いを大切にし，子どもも教師も楽しんで算数を学んでいきたい。

2年　数と計算

九九表のきまり

1 ねらい

九九表を見ると，81個の答えがある。しかし，よく見るとその中に同じ答えがたくさんあることに気づく。実は，かけ算九九の答えの種類は全部で36種類しかない。

本時は，九九表をもとに同じ答えがあることに気づかせ，４個ある答え，３個ある答え，１個しかない答えを見つけて式で表現することをねらいとする。（２個ある答えはたくさんあるので見つける対象としていない。）また，なぜ同じ答えのかけ算九九があるのかに疑問を持ち，次時の課題につなげることもねらいたい。

学習指導要領には，２年生の乗法に関する目標の中に「乗法に関して成り立つ簡単な性質について理解すること。」とある。本時の発見が乗法の交換法則の理解につながることを期待する。

2 教材，問題・場面設定について

子どもと次のようなゲームをすることを伝える。

①かけ算九九の答えが書いてあるカードが入っている先生用と子ども用の封筒がある。先生は先生用から，子どもは子ども用の封筒から交互に１枚ずつカードを引く。

②引いたカードに書かれている九九表の答えに印をつける。

③先に10個印をつけることができた方が勝ち。

先生対子どもで行うゲームである。先生用の封筒には，九九表に４個ある答えのカードが入っている。子ども用の封筒には九九表に１個しかない答えのカードが入っている。ということは，互いに２回カードを引くと大勢の子どもがわかる。

【かけ算九九表】教師△，子ども○

	1	2	3	4	5	6	7	8	9
1	1	2	3	4	5	6	7	8	9
2	2	4	6	8	10	12△	14	16	18
3	3	6	9	12△	15	18	21	24△	27
4	4	8	12△	16	20	24△	28	32	36
5	5	10	15	20	25○	30	35	40	45
6	6	12△	18	24△	30	36	42	48	54
7	7	14	21	28	35	42	49	56	63
8	8	16	24△	32	40	48	56	64○	72
9	9	18	27	36	45	54	63	72	81

この結果，子どもは「ずるい！」といってくるにちがいない。そして，先生用の封筒，子ども用の封筒にどんなカードが入っているかを考え始めるだろう。

3 学びを深める問いの連続

かけ算九九ゲームをしよう。

どんな数が出れば
勝てるかな。

どうして先生用の封筒から出てくる数は，
どれも九九表に４個の答えがあるのかな？

考え❶

先生の封筒には，答えが４個あるカードが入っている。

考え❷

子ども用の封筒には，答えが１個しかないカードが入っているんじゃないかな。

２つの封筒には，他にどんな九九表の答えの数が
入っているのかな？

先生用の封筒には，６が入っていると思います。1×6，6×1，2×3，3×2の答えです。

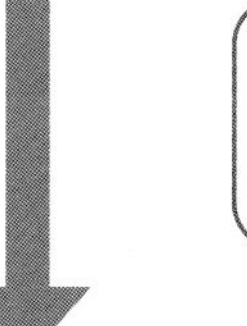

私たち用の封筒には，49が入っていると思います。7×7しかないからです。

なるほど

九九表の数を式に表して，かけられる数やかける数に目をつけると，
その数が答えになる九九が何個あるかはっきりするね。

・あれっ，まだ先生の封筒にカードが入っているよ。どんな数なのかな。

答えが３個ある九九の数には，どんなきまりがあるのかな。
九九表の数を式に表して，かけられる数とかける数をみてみると…。

4 問いをつくる工夫

?（はてな）を生み出すきっかけ

T：九九表を使ったゲームをしましょう。

C：いえーい。

T：２つの封筒があります。

先生用　子ども用

２つの封筒にかけ算九九の答えが書いてあるカードがたくさん入っています。この中から１枚ずつ引いて，出た答えを九九表から探して，その数にマグネットを置きます。先に10個数が出たら勝ちです。

	1	2	3	4	5	6	7	8	9
1	1	2	3	4	5	6	7	8	9
2	2	4	6	8	10	12	14	16	18
3	3	6	9	12	15	18	21	24	27
4	4	8	12	16	20	24	28	32	36
5	5	10	15	20	25	30	35	40	45
6	6	12	18	24	30	36	42	48	54
7	7	14	21	28	35	42	49	56	63
8	8	16	24	32	40	48	56	64	72
9	9	18	27	36	45	54	63	72	81

T：意味が分かりましたか。

C：交替でカードを取るの？

T：そうですよ。

C：どんな数が出れば勝てるかな？

T：ではやってみましょうか。引きたい人？

C：はい，はい！

T：○○さん，どうぞ。

C：(子ども用の封筒から引く）25だ！

T：25を探してマグネットを置いてくれますか。

C：はい。置きます！（一人指名する。)

T：では次は先生ですね。(先生用封筒から引く）

12です！　12にマグネットを置いてくれますか。

C：やります！（４か所あるので複数の子どもを順に指名）

	1	2	3	4	5	6	7	8	9
1	1	2	3	4	5	6	7	8	9
2	2	4	6	8	10	12	14	16	18
3	3	6	9	12	15	18	21	24	27
4	4	8	12	16	20	24	28	32	36
5	5	10	15	20	25	30	35	40	45
6	6	12	18	24	30	36	42	48	54
7	7	14	21	28	35	42	49	56	63
8	8	16	24	32	40	48	56	64	72
9	9	18	27	36	45	54	63	72	81

T：今のところ，４対１で先生がリードですね。

C：先生の引いた数は４個もあったから…。

T：次は，みんなの番だね。引きたい人？

T：○○さん。

C：(子ども用の封筒から引く）64です。

T：マグネットを置いてくれますか。(一人指名)

C：やっぱり１個しかない。

C：ずるいよ。私たちの封筒には答えが１個だけの数が入っているんじゃない？

T：そんなことはないと思うよ。偶然だよ。

> この段階では，答えが複数あるかけ算九九には深入りしない。
> ゲームをくり返すことで，**多くの子どもが答えの個数に着目できるようにして**?（はてな）を生み出す。

どうして先生用の封筒から出てくる数は，どれも九九表に４個の答えがあるのかな？

T：次は先生の番ですね。引きますよ。24です！

C：やっぱり！　ずるい！

T：九九表にマグネットを置いてくれる人？

C：やっぱり４個もあった。(教室が騒然とする)

T：何がいいたいの？

	1	2	3	4	5	6	7	8	9
1	1	2	3	4	5	6	7	8	9
2	2	4	6	8	10	12	14	16	18
3	3	6	9	12	15	18	21	24	27
4	4	8	12	16	20	24	28	32	36
5	5	10	15	20	25	30	35	40	45
6	6	12	18	24	30	36	42	48	54
7	7	14	21	28	35	42	49	56	63
8	8	16	24	32	40	48	56	64	72
9	9	18	27	36	45	54	63	72	81

C：先生用の封筒には，答えが４個ある数が入っていて，私たちの封筒には答えが１個しかない数が入っていると思います。だからずるい！

？をつなぐ教師の役割

T：そうかなあ。今まで出てきた数を確認しようか。
（九九表を全員に配付）まず25が出てきたね。
九九表に○をしてみよう。この式は？

C：５×５。（板書する）

T：次に12が出ましたね。この数も九九表に印をつけてみよう。
12の式は？

C：２×６，６×２。

C：まだあるよ。３×４，４×３。

T：確かに４個だね。次の64は？

C：８×８。

C：次の24は，４×６，６×４，３×８，８×３です。

T：九九表に印をつけられたかな。

C：あれっ？　答えが１つしかない数の式は，かけられる数とかける数が同じだよ。

C：本当だ！

> 印をつけた九九の数と式を合わせて確認する。
> 答えがその数になる九九の個数が明確になるとともに，式のかけられる数とかける数に着目するきっかけをつくる。

？？ ２つの封筒には，他にどんな九九表の答えの数が入っているのかな？

T：式を書くと面白いことがわかるね。（板書する）
それでは，みんな用の封筒には，あとどんな数が入っていると思いますか。

C：49だと思います。７×７でやっぱり同じだよ。

C：81もそうです。９×９です。

C：九九表の斜めのところにあるよ。

T：本当だね。斜めのところにある数だね。

C：全部で４個かな。

C：まだあったよ！　１×１の１もそうです！

T：これで全部かな。では封筒の中を確認するよ。

（封筒の中から49，81，１が出てくる。）

C：やっぱりそうだ！

C：先生用の封筒の中もわかったよ！

T：どんな数が入っているのかな？

C：答えが４個ある九九でしょ。

T：九九表を見て考えてみよう。

（しばらく見つける時間をとる。）

T：それでは，発表してみようか。

> 「封筒には，他にどんな数が入っているか」を問うことで，**見つけたきまりが成り立つ他の九九はあるかという問いの変容を促す。**
> このとき，式の特徴に気づきやすい子ども用の封筒の数（平方数）から考えさせる。

> 次に，先生用の封筒の数（九九に答えが４個ある数）について考えさせる。
> ここでも，式のかけられる数とかける数に着目する見方が活用できることを板書で意識させる。

C：6です。式は2×3，3×2，1×6，6×1です。
C：8です。式は2×4，4×2，1×8，8×1です。
C：18です。式は2×9，9×2，3×6，6×3です。
C：もうないと思います。全部で5個だね。
C：気づいたことがあるんだけど，答えが4個ある式は，かけられる数とかける数が同じじゃないけど，反対になっている。

なるほど！ **九九表の数を式に表して，かけられる数やかける数に目をつけると，その数が答えになる九九が何個あるかはっきりするね。**

T：○○さんがいった「反対になっている」ってどういうことかな。隣の人と話してみようか。
C：(話し合う。)
T：だれかお話できるかな。
C：かけられる数とかける数が反対になっているってことだと思います。
T：確かにそうだね。4個の式を見ると反対になっている式のペアが2つずつあるね。よく気づいたね。
T：では，先生用の封筒を見てみましょう。
(中から6，8，18のカードを取り出す。)
C：いえーい！

友達の重要な気づきを，全員の子どもが必ず隣同士などで表現する場を設ける。
1人の子どもの重要な気づきを聴いただけでは，学級の全員が理解できているとは限らないからである。

なるほど！から だったら！？へ

C：あれっ，まだカードが入っているよ。
C：どうして？　もう4個の九九はないはず。
T：では見てみましょう。(36，16，9，4が出てくる)
C：あっ！　これは…。
T：隣の人と36がどんな数が話してみましょう。

だったら！？ **答えが3個ある九九の数には，どんなきまりがあるのかな？**
九九表の数を式に表して，かけられる数とかける数をみてみると…。

C：(話し合う。)
C：答えが3個ある数です。
C：36は4×9，9×4，6×6で3個です。
C：そうか。本当は4個だけど，6×6は反対にしても6×6だから3個になっているんだ！
T：今，○○さんがいっていること，みんなわかる？
どういう意味か隣の人と話してみよう。
C：(話し合う。)

「だったら，九九に答えが3個ある数は…」という子どもの反応を期待して，先生用の封筒に「答えが3個ある九九の数」も用意しておくとよい。ただし，授業の途中でこのカードは引かないように留意する。

T：では，お話できる人？

C：例えば16は２×８，８×２，４×４です。４×４は，かけられる数とかける数が同じ式です。これは反対にしても同じ式になるから，４個ではなくて３個になっていると思います。

T：とてもいい説明ですね。（板書する）

C：全部九九表の真ん中の斜めのところにある数だ！

T：今日は，みんなよく考えましたね。どんなことがわかりましたか。

C：かけ算九九には，答えが４個と３個と２個と１個の九九があることがわかりました。

C：式をみると，答えが４個の場合は，かけられる数とかける数が反対になっていることがわかりました。

板書

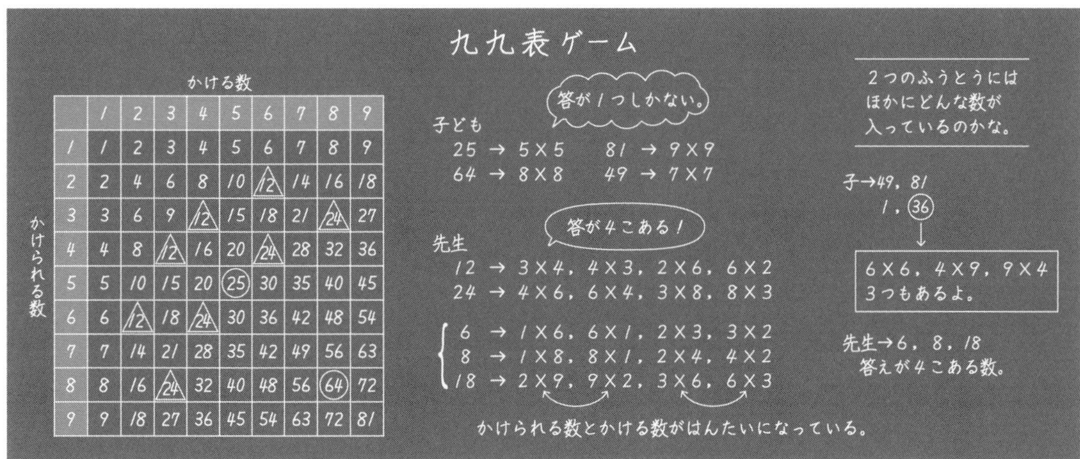

5 授業を振り返って

九九表には答えが同じ九九がたくさんある。その同じ答えの九九を整理すると，乗法的な構造や乗法のきまりの学習につながると考えて実践したものである。

例えば，かけられる数とかける数を交換してもなぜ同じ答えになるのか，という話は次のようなアレイ図で考えさせることになる。

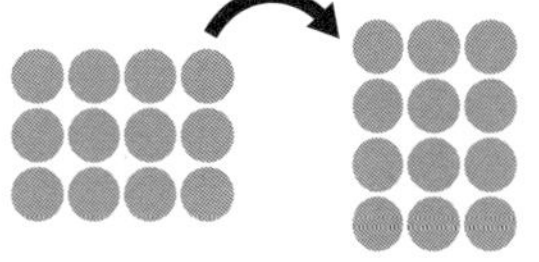

３×４の図を示し，「この図を使って４×３と同じであることを説明できるかな？」と問うて考えさせる。右図のようにパタンと縦にすることで４×３と見ることができる，といった考えを引き出したい。

本時の授業の次には「なぜかけられる数とかける数を入れ替えても答えは変わらないのかな？」という上記のような課題を追究してもよいだろう。

2年　数と計算

簡単な分数

1 ねらい

学習指導要領では，これまでの「$\frac{1}{2}$や$\frac{1}{4}$などの簡単な分数について知る」学習に，新たに「$\frac{1}{3}$」も加わる。操作を通して作り出せる分数だけを扱うのではなく，他の場合も考えることで，分数の意味理解を深めることがねらいである。例えば，学習指導要領解説には，上図のような例が記載されている。1の大きさを「12個」と量で捉え直すことにより，$\frac{1}{2}$は6個，$\frac{1}{3}$は4個，$\frac{1}{4}$は3個と表現できるようになる。また，反対に12個は6個の2倍，4個の3倍，3個の4倍とも考えられる。このような見方を身につけていくことも大切であると表記されている。

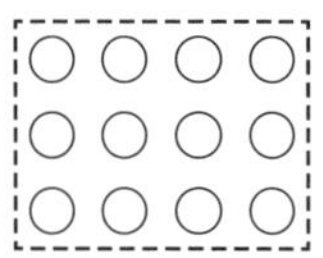

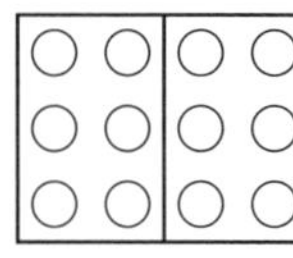

12個の$\frac{1}{2}$は6個

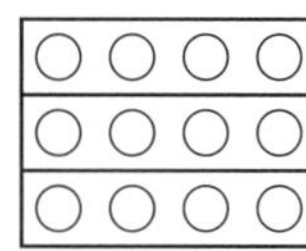

12個の$\frac{1}{3}$は4個

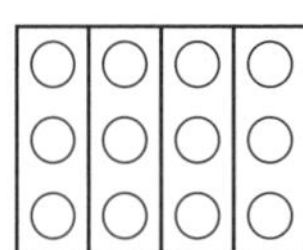

12個の$\frac{1}{4}$は3個

2 教材，問題・場面設定について

しかし，上述した内容を理解するには，2年生には難しい面も大きいと感じる。これまで$\frac{1}{2}$や$\frac{1}{4}$を考えてきた際には，操作活動を通して，分数を図形として捉えてきた。図形が合同な場合に，同じ大きさの分数として表すことができると考えている子もいるだろう。つまり長方形の12個を上図のように切り分けるのであれば，合同な形と捉え，個数に目を向けて考える必要性をあまり感じない。

そこで，本時では，右図のような「ドーナツを仲よく切り分ける」場面をもとにする。日常場面で，似たようなドーナツを目にしているため，「仲よく分ける」ことを考えた際に，線に沿って切り分けるだろう。線に沿って切り分けた場合，$\frac{1}{2}$や$\frac{1}{4}$では合同な図形に分けることしかできないが，$\frac{1}{3}$に分けるときだけは，合同に切り分けることができないため，個数に着目する必要感を与えられる。

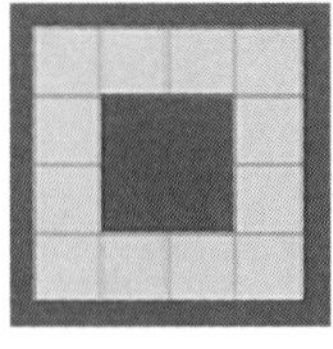

また，形と数の話が混同しないように，右図のような「1つ分」と「もとの大きさ」の形を視覚的に提示していく。この提示により，学習指導要領にも記載されている「倍の見方」と「分数の見方」もおさえることができると考えた。

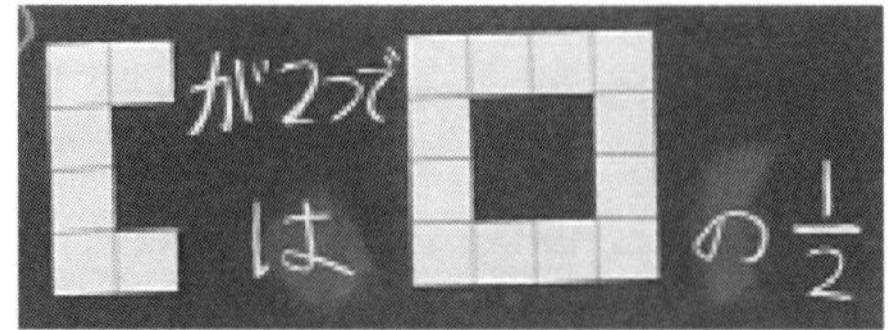

3 学びを深める問いの連続

ドーナツを仲よく分けましょう。
この形を見て，何人に分けたかわかるかな？

その形だったら，2人で分けたんだね。

だって，もとの大きさの$\frac{1}{2}$だから。

はてな

他には，何人に分ける方法があるかな？

考え❶
このような形にすれば，４人に分けられるよ。

考え❷
ぼくは，３人にも分けられると思うけど。

１つ分の形が違うけれども，$\frac{1}{3}$ずつに分けられたといえるのかな？

切って動かせば同じ形になるから，いえるよ。

形が違っても４個分が同じだから，いえるよ。

なるほど

形が違っても，□の個数が同じ数ずつ３つに分けられているから，１つ分の大きさは$\frac{1}{3}$といえるね。

- だったら，$\frac{1}{2}$や$\frac{1}{4}$とかも，他の形に切り分けることができるかもしれないな。

だったら

もとのドーナツの□の個数が変わったら，どんな分数に表せるかな？

4 問いをつくる工夫

?（はてな）を生み出すきっかけ

T：今日は，このようなドーナツを分けることを考えてみましょう。普段の生活から考えると，どのように分けますか。

C：同じ数ずつ分けたい。

C：その線に沿って分けた方がいい。

> 子どもが興味を持って主体的に問題に取り組めるように，子どもにとって身近な「ドーナツ」を題材にする。

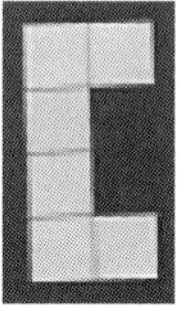

T：それでは，先生はこのように分けてみましたが，何人に分けたかわかりますか？

C：わかった，２人だ。

T：どうして，そう思いましたか？

C：だって，もとの大きさの$\frac{1}{2}$になっているから。

C：２つで，もとの大きさに戻るから。

T：今の２人の意見は，このように表せますね。

> １つ分の大きさの形を封筒から少しずつ出して提示する。何人に分けた形かわかった子どもは起立するように指示することで，自分事として問題に関わらせる。

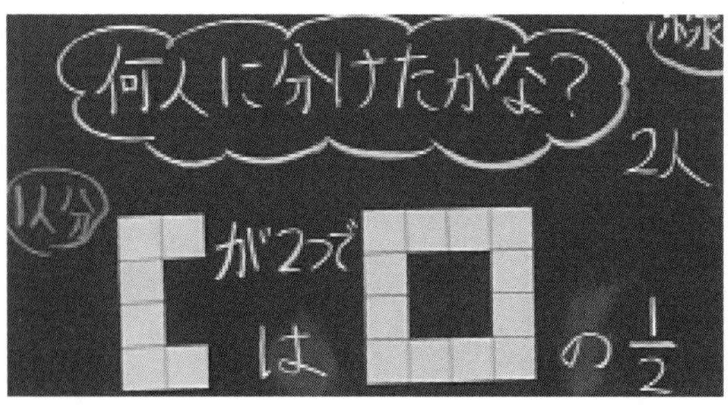
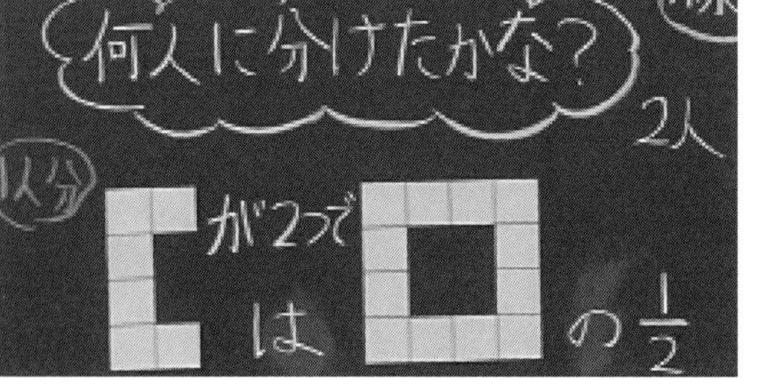

> 子どもの発言をもとに，１つ分の大きさと，もとの大きさの関係をわかりやすく板書に残す。
> これにより，他の分け方を考え確かめるときの，子どもの手立てとする。

C：他の形に切れば，違う人数にも分けることができると思うよ。

T：それでは，何人に分けることができるかを考えて，実際に切ってみましょう。

> 簡単な場合から例示することで，**「他の人数にも分けられると思う」**という子どもの?（はてな）を生み出す。

?（はてな） 他には，何人に分ける方法があるかな？

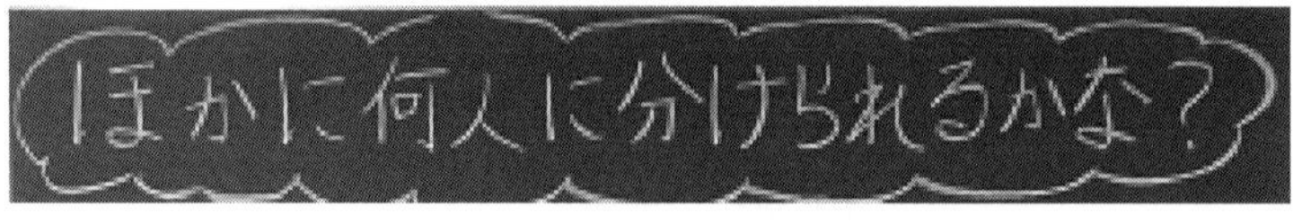

??をつなぐ教師の役割

C：いろいろとできそうだよ。

T：それでは，切ったものの1人分だけをみんなに紹介してください。それを見て，何人に分けようとしていたかを考えてみましょう。

C：わかった，4人に分けたんだ。

C：さっきの$\frac{1}{2}$の半分になっているから，これは$\frac{1}{4}$になるね。

C：4つで，もとの大きさに戻るからね。

C：他にもできたよ。

（別な$\frac{1}{4}$）

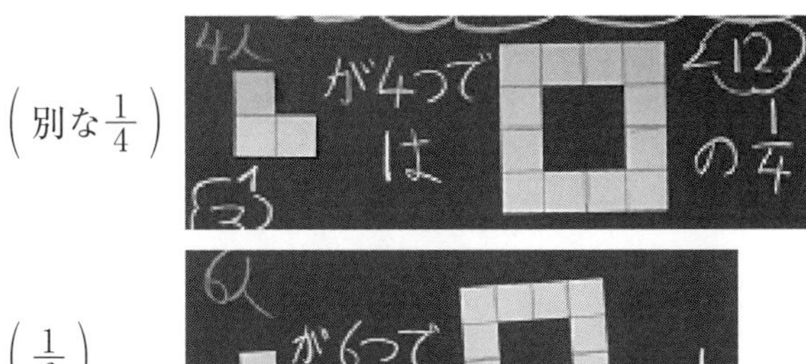

（$\frac{1}{6}$）

（$\frac{1}{12}$）

C：ぼくはこのように分けたよ。

C：えっ，それはもとに戻らないよ。

C：切ったものすべて見せて欲しい。

C：やっぱり，3つとも同じ形に切っていないから，ずるいよ。

C：これは，$\frac{1}{3}$ずつになったといえるのかな？

??　1つ分の形が違うけれども，$\frac{1}{3}$ずつに分けられたといえるのかな？

ドーナツを1人1枚ずつ配り，実際に切る活動を取り入れる。結果を分類・整理しやすいよう，子ども1人につき，形は1つまでとする。

「友達が何人に分けようとしたか考えてみよう」と問いながら，友達が作った1つ分の大きさの形を発表させる。このとき，合同な形に分けた子どもの考えから取り上げる。

$\frac{1}{4}$，$\frac{1}{6}$，$\frac{1}{12}$などの分け方について順に発表させ，導入と同じ形式で板書に残していく。これにより，1つ分の大きさと，もとの大きさの関係の見方が共通していることを意識させる。

次に，1つ分の大きさの形が合同でない考えを取り上げる。**「これまでと同じように，分数で表せるといっていいか」**という問いの変容を子どもから引き出す。

！（なるほど）から！？（だったら）へ

T：確かに，同じ形ではないから，$\frac{1}{3}$ずつになったとはいえそうにありませんね。

C：でも，切って動かしてみたら，同じ形になるよ。

「同じ形ではないからだめそうですね」と教師から揺さぶりをかける。

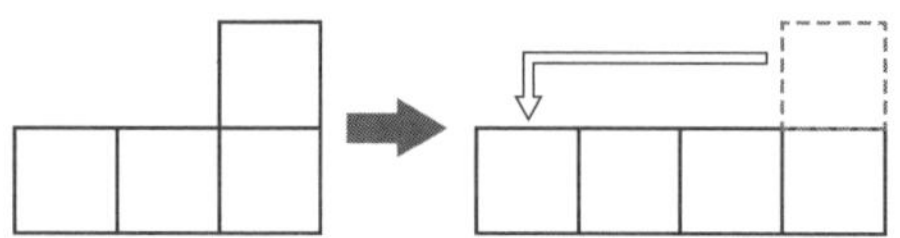

C：確かに，そうしたら，どれも$\frac{1}{3}$といえそうだね。

C：切って動かさなくてもわかるよ。だって，どれも□の数が4個分で同じだから。

C：個数が同じだけでも，分数で表していいの？

T：面白い意見が出ていますね。では，$\frac{1}{3}$という分数の意味についてもう一度考えてみましょう。

C：$\frac{1}{3}$とは，同じ大きさに3つに分けた1つ分だね。

C：そっか。同じ大きさに分けるということは，□の数が同じだったら，同じ大きさといえるね。

C：でも，1つ分の□の大きさが違ったら，個数では比べることができないね。

$\frac{1}{3}$の定義「同じ大きさの3つに分けた1つ分」を振り返り，$\frac{1}{3}$の分け方が定義にあてはまるか考える。
これにより，**「同じ大きさ」は「形が違っても，□の個数が同じだったらいい」**ということを理解させる。

なるほど **！ 形が違っても，□の個数が同じ数ずつ3つに分けられているから，1つ分の大きさは$\frac{1}{3}$といえるね。**

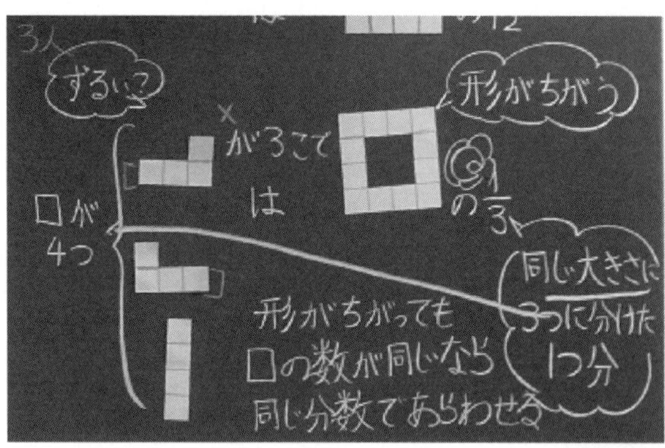

T：今日の学習したことをもとにすると，どんなことがさらに考えられそうですか。

C：□の数が同じにすればよいのであれば，$\frac{1}{2}$や$\frac{1}{4}$なども違う形に切り分けられるかもしれない。

本時で学習したことをもとに，どのようなことが発展的に考えられそうか問う。
問題を解決した後も「だったら」と考える子どもの態度を育んでいく。

だったら **！？ もとのドーナツの□の個数が変わったら，どんな分数に表せるかな？**

完成板書

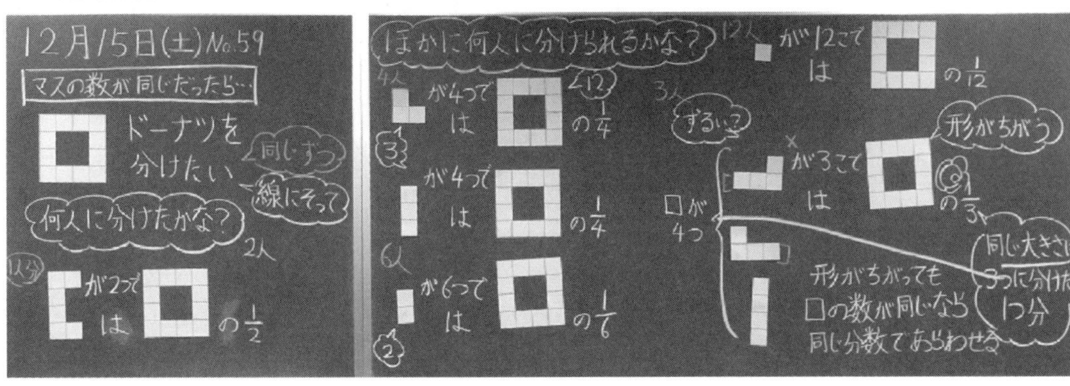

5 授業を振り返って

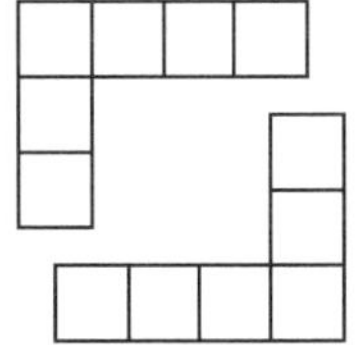

今回提示したものの他に，右図のような$\frac{1}{2}$に切り分ける方法が存在する。この教材のよさは，これ以上の切り分け方がないことにあると思う。また，$\frac{1}{2}$，$\frac{1}{4}$，$\frac{1}{6}$，$\frac{1}{12}$は，合同な形に切り分けられるのに対して，$\frac{1}{3}$だけが合同な形にはならず，自然と数に着目して考えることもよさのひとつだろう。

このように，子どもたちの考えをある程度掌握できるのであれば，どのような授業展開にするべきかをより考えていかなければいけない。今回は，$\frac{1}{2}$の例示を終えた後，自由に子どもたちに切ってもらったが，その切り方に，「数学的な見方・考え方」が存在している。例えば，同じ$\frac{1}{4}$であっても，右図の①，②では，切るときの思考が異なる。①は$\frac{1}{2}$をもとにして，それを半分に切っているが，②は半分の半分では切り分けられない。つまり，②は個数に着目して考えているのであろう。このような「数学的な見方・考え方」を顕在化させていくためには，ただ切らせて終わりにするのではなく，「どうして，そのように切ろうと思ったの？」と尋ねることが重要である。個数に目を向けられれば，「２個ずつで６人」や「１個ずつで12人」という切り方にも共通点を見いだすことができる。

①　②

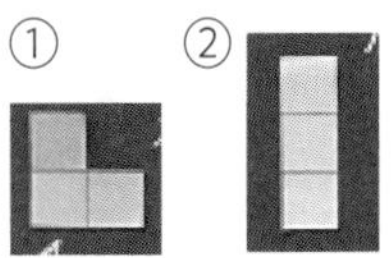

そして，「３人に分けられる」という意見については，１人の子どもが切ったものを全体で取り上げるのではなく，全員の子どもが感動できる場面を設定することも大切である。例えば，「３人にも分けられそうだよ」という意見が出てきたときに，全員の子どもに１人１枚ずつドーナツの用紙を配り，「どうやって切ろうとしているかわかるかな？」と投げかけてもよいかもしれない。すると，「形が違ってもいいのかな？」という？(はてな)を全員で共有することができる。そして，先ほどの個数に着目する考え方をもとにすることで，同じように$\frac{1}{3}$という分数で表すことができることを理解できるだろう。

教材のよさを生かすためには，授業力を磨いていくことが大切であると，改めて痛感した授業となった。

山本大貴

2年　測定

長さ

1 ねらい

学習指導要領において，これまでの「量と測定」領域の内容は，測定のプロセスを充実する下学年での「測定」領域と，計量的考察を含む図形領域としての上学年の「図形」領域に再編成された。新たに「測定」領域を設定した理由として，「ものの属性に着目し，単位を設定して量を数値化して捉える過程を重視し，それぞれの量について，そこでの測定のプロセスに焦点を当てて学ぶことにしているから」と学習指導要領解説には明記されている。つまり，単位があることを教え込むのではなく，「このような単位があったら」という思いを子どもたちから引き出すことが大切である。

2 教材，問題・場面設定について

そこで，本実践では，cmを学習した後，教室の中から「ぴったり○cmになっている場所やものを探そう」という活動を取り入れる。その際に，子どもたちには，右写真のような工作用紙で作ったオリジナルの定規を配る。その理由は，子どもたちの手元にある定規を用いると，定規には「mm」まで表記されているため，自然と「○cm△mm」と測ってしまうからである。これまでの生活経験から「mm」という単位があることは，大半の子どもが知っているだろう。しかし，知識として利用するのではなく，「cmだけでは測れない」という具体的な経験をさせることで，「もっと小さい基準があれば」という気持ちを抱かせることができる。

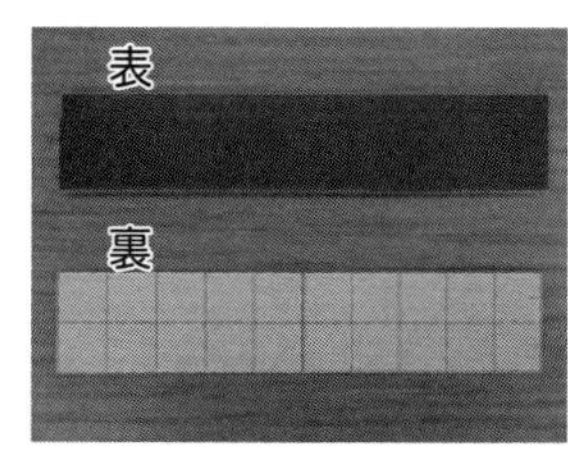

また，配付した定規には，あえて目盛りをふることはせず，子どもたちに「どのように目盛りをふったらよいか」から考え始めさせる。すると，右図のような２種類の考え方があがるだろう。「１cm」は幅のある長さではあるため，①のような目盛りをふる子どもが多い。しかし，長さを測る場合には，０を起点とした距離を意識しなければならない。そのように考えることで，０から１までの間にも，１cmよりも短い長さがあることに気づかせ，「cm」よりも小さい単位があることに目を向けさせていく。

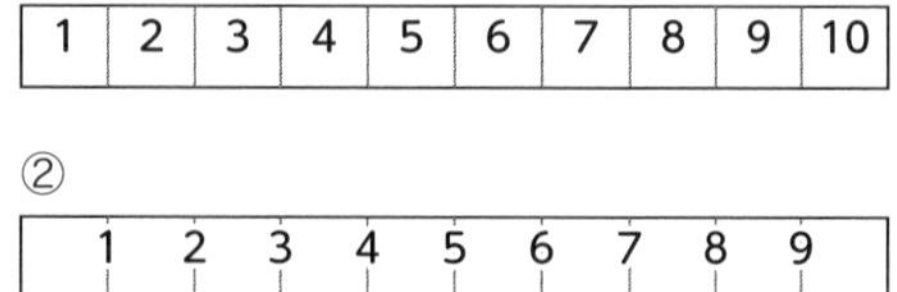

3 学びを深める問いの連続

オリジナル定規を渡します。

1 cmが10個分だから，10cm定規だね。

でも，目盛りがふっていないな。

はてな ①と②では，どちらが正しい定規の目盛りの書き方かな？

考え❶

1	2	3	4	5	6	7	8	9	10

考え❷

1 2 3 4 5 6 7 8 9

この定規の目盛りよりも細かいはんぱな長さを測るには，どうすればいいのかな？

もっと細かい基準を作ればいいと思う。

1 cmを10個に分けたらどうかな。

なるほど 1 cmずつの目盛りで表せないときは，1 cmを同じ長さに10個に分けた，もっと小さい単位で表せばいいね。

- 10個集めると，単位が変わるのは，位の考え方と似ているね。

だったら 今までに学習した単位を10個や100個集めた新しい単位もあるのかな？

4 問いをつくる工夫

?(はてな)を生み出すきっかけ

T：今日は，一人一人にオリジナル定規を渡します。

C：1cmが10個分あるから，10cm定規だね。

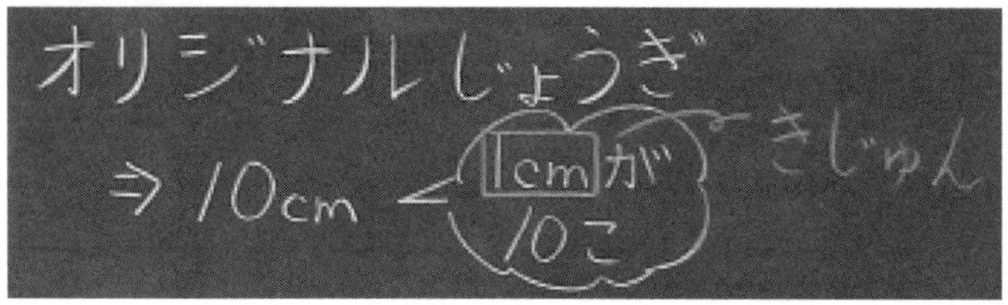

> 目盛りの数値が書かれていない定規を配付する。
> **「どのように目盛りの数を書いたらいいかな」という?(はてな)のきっかけをつくる。**

C：目盛りがないからわかりづらいね。

T：では，1～10の目盛りをふってみましょう。

(各自，目盛りをふる時間を取る。)

C：ぼくは，こんな風にふったよ。(①)

1	2	3	4	5	6	7	8	9	10

> ①と②の2通りの目盛りの数値の書き方を提示する。
> 両方の数値の書き方の違いに着目して，?(はてな)を生み出し，話し合いを活性化する。

C：私は，少し違うな。(②)

1　2　3　4　5　6　7　8　9

C：どちらが正しい目盛りのふり方なのだろう？

> **?(はてな) ①と②では，どちらが正しい定規の目盛りの書き方かな?**

C：1cmは，端から端までの，この長さでしょ。

C：でも，左端を0と考えて，1cmは右端までの長さだから，そこがぴったり1cmになる。だから，①のふり方だと，どこまでが1cmかわからない。

C：確かに，①の目盛りだと，線の途中の長さでも，1cmのように見えてしまうね。

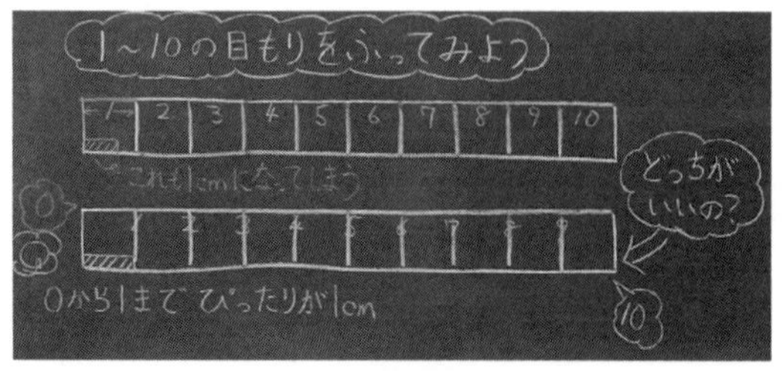

1～10の目もりをふってみよう
1 2 3 4 5 6 7 8 9 10
これも1cmになってしまう
どっちがいいの?
0から1までぴったりが1cm
10

？？をつなぐ教師の役割

T：では，このオリジナル定規を使って，教室の中から,「ぴったり○cmの場所やもの」を見つけましょう。

活動をとおして，子どもに1cmより小さい単位の必要性に気づかせる。
そのために，「あと少し」や「惜しい」などとつぶやいている子どもの様子を見取っておく。

(活動中の児童の言葉)
C：黒板の１マスが，ちょうど10cmだった。
C：スイッチの横の長さは，ぴったり７cmだ。
C：このチョークの長さはおしいな。
C：この消しゴムは，あと少し足りない。

T：先ほど，「おしい」や「あと少し」という声が聞こえてきましたが，どういうことですか？
C：このチョークを測ってみたら，５cmよりも少しだけ長かったから，おしいと思った。
C：ぼくの消しゴムは，４cmぴったりに少しだけ足りなかった。
C：私も，おしいと思ったものがあったよ。
T：なるほど。「５cmくらい」や，「４cmくらい」では，だめなのですか。
C：だめだよ。だって，正確には測ることができていないから。

「正確に測るためにはどうしたらよいか」という子どもの問いの変容を促すために，「『５cmぐらい』では，だめなの？」と教師から揺さぶりをかける。

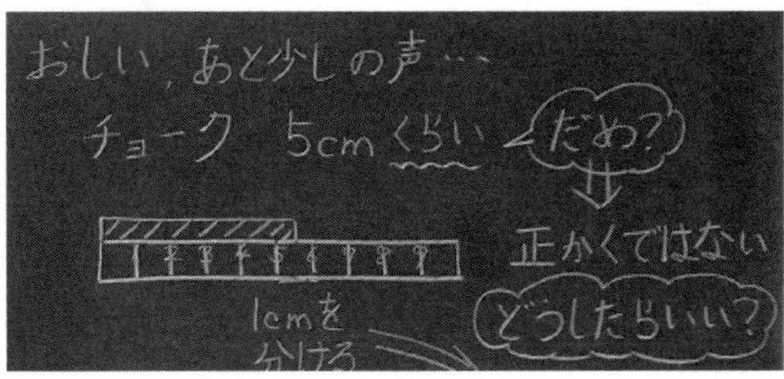

C：もっと正確に長さを知りたいときには，どうすればよいのだろう。

この定規の目盛りよりも細かいはんぱな長さを測るには，どうすればいいのかな？

なるほど ！から だったら ！？へ

C：だったら，もっと小さい基準を作ればいいよ。

C：1cmを分けて，より細かい基準があれば，正確に測れると思う。

T：では，1cmをいくつに分けたらよいでしょうか。

C：5個　C：10個　C：15個　C：20個

T：何か理由がありますか。

C：5個くらいだと，見やすい。

C：10個だと，細かく測れる。

C：だったら，15個や20個の方が細かく測れるよ。

C：でも，細かすぎると見えづらい。

「小さい基準を1cmを何等分にすればよいか」という問いを学級で共有するために，「1cmをいくつに分ければよいか」を考え，その説明をさせる。

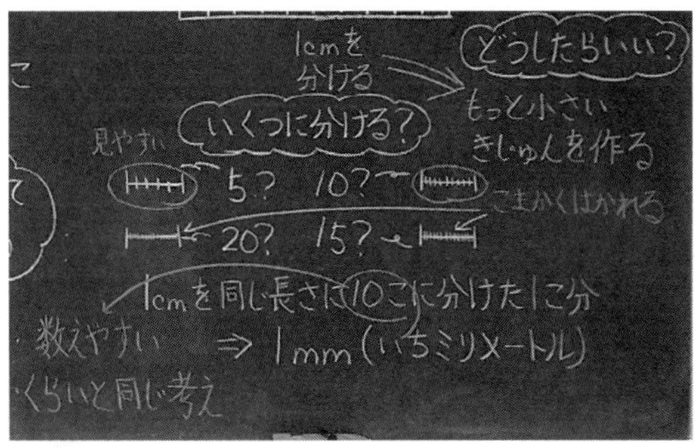

T：よい話し合いをしていますね。それでは，自分たちが持っている定規を見てみましょう。

C：10個に分かれている。

なるほど ！ 1cmずつの目盛りで表せないときは，1cmを同じ長さに10個に分けた，もっと小さい単位を作って表せばいいね。

0から1までの間にある線は9本のため，9等分されていると間違えやすいことに留意し，**線と線の間の数であることをおさえる。**

C：短い長さや，細かく測りたいときには便利だね。

C：やっぱり10個だと見やすいし，細かく測れるのに1番いいのかな。

T：10個集まると変わるものは，これまでの学習にもありませんでしたか。

C：10mm＝1cmで10個集まると単位が変わるのは，位取りの考え方に似ているね。

C：確かに。10個のまとまりを作ることで，数とかも数えやすくなったね。

単位を10個に分けるよさについて問い，既習の10のまとまりに着目する数の見方と1cm＝10mmの関係を関連づけてまとめる。

だったら ！？ 今までに学習した単位を10個や100個集めた新しい単位もあるのかな？

完成板書

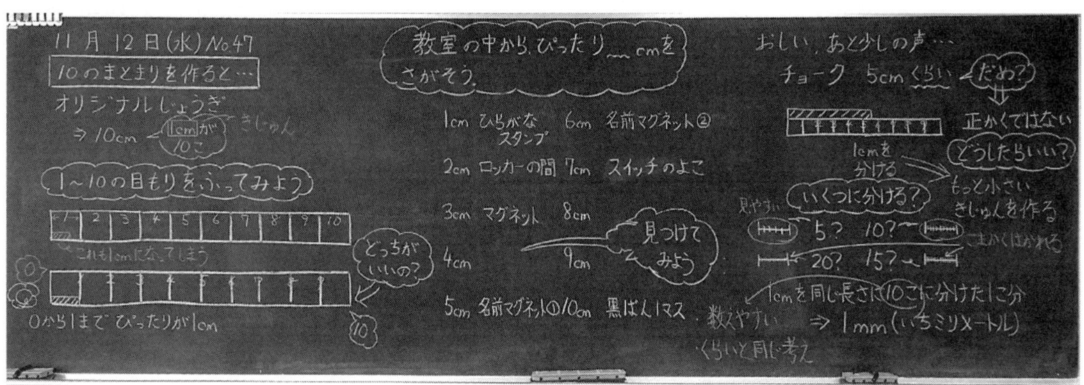

5 授業を振り返って

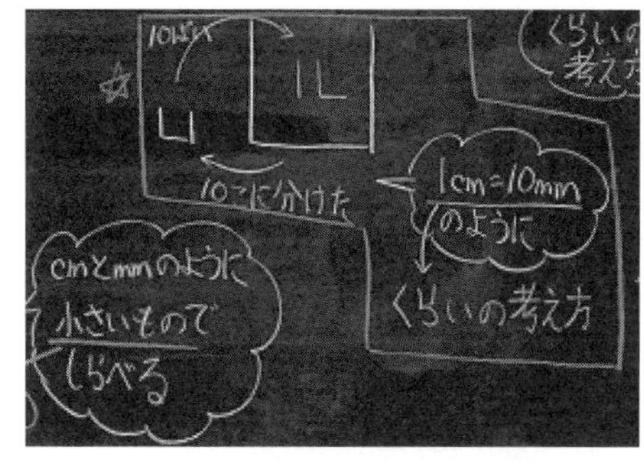

2年生の「測定」領域において，1番初めに行われる単元が「長さ」である。子どもたちの身近にある定規を用いて，一人一人測る活動がしやすいからである。しかし，その測る活動をさせるだけではなく，単位の作られ方が，位取りと同じように，10進法をもとにしていることに気づかせていきたい。「長さ」の単元で，こうした意識を植えつけておくことにより，この後に学習する「かさ」の単元においても，「長さのときと，同じように考えればよいのではないか」という見方を育むことができる。

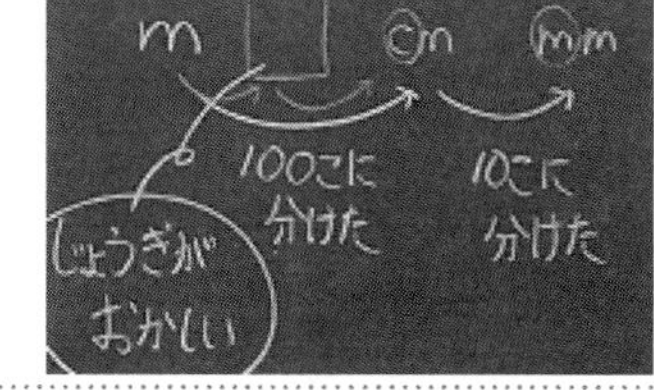

また，この「10個集める」ことの大切さに重きを置いておくことで，「m」と「cm」の間には100倍の関係があり，「cm」と「mm」の間には10倍の関係があることがわかると，子どもたちから「おかしい」という声も聞こえてきた。それは「なぜ1cmが10個集まった10cmのときに単位がないのか」という意味合いだった。「15cm定規の10cmの部分にも，そのような表記がないのはおかしい」という発想は，実に子どもらしいと感じた。「かさ」の単元で学習する「L」と「dL」の関係をもとにすることで，「dm（デシメートル）もあるのではないか」と予想を立てている子どももいた。

このように，2年生の「測定」領域で「10のまとまり」を意識づけしていくことで，3年生の「長い長さ」「重さ」の学習にも生かされてくる。しかし，子どもたちの日常生活には，よく目にする単位と，目にはしないが本来は存在する単位があるため，その違いを理解することに難しさを感じる。単位換算は，苦手な子どもが多いため，「10のまとまり」を意識させるだけではなく，さらに一工夫を加えることを考えていく必要もあるだろう。

山本大貴

子どもの声を予想し，つぶやきを聞き逃さないように

暁星小学校　山本 大貴

⑴　2 種類の声

研究会に参加し，授業を拝見させていただいた後，「よい授業だった」と思えるときには，必ず子どもたちの声で溢れている。授業を行う上で，子どもたちの声は必要不可欠なものである。その声は 2 種類あると考える。手を挙げて，自分の意見を発言するときの声。そして，何かをふと思い付いたときに呟く声。この呟きにこそ，子どもたちの発想が詰まっている。その声を聞き逃さず，全体に広げてあげることが教師の役割だろう。そのためには，まずはさまざまな仕掛けを考え，授業に臨むことが大切である。

⑵　仕掛けを考え，子どもの声を事前に予想する。

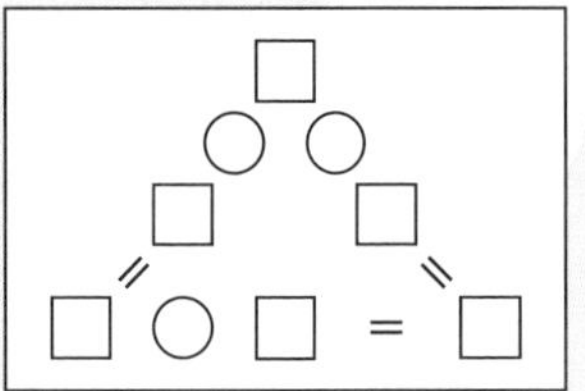

1 年生を受け持っていた際に，研究授業を行う前に，隣のクラスの児童をお借りして，授業を行ったことがある。休み時間に顔を合わせてはいたが，授業を一緒に行うのは初めてだったため，子どもたちも緊張していた。しかし，活動が始まると，1 年生らしい活発な声が聞こえてきた。題材は，右図の□の中に 1 ～ 6 の数字を，○の中に「＋」か「－」を入れて，3 つの式を完成させるものであった。2 人 1 組で数字カードを用いたり，鏡のようになるペアを考えたりすることで，以下の12種類が出てきた。（これで全部である。）

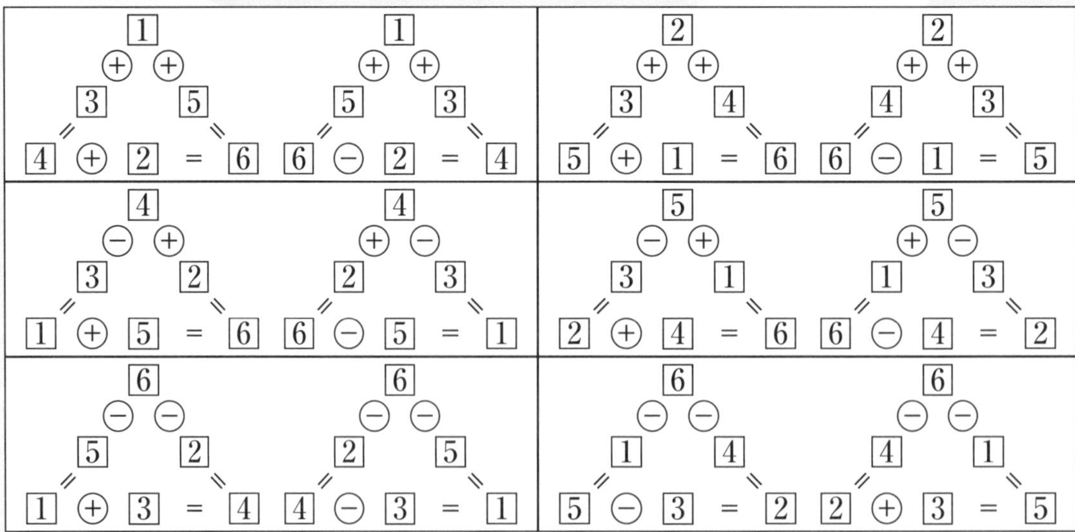

その後，「これで，全部だね？」と揺さぶる発問をすると，1 人の児童が「 3 が…」とボソッと呟いた。この児童は，スポーツ万能で足が速かったり，サッカーが上手だったりしたため，目立ってはいたが，口数が少なく物静かな子どもであるという印象だった。授業が終わった後

に，担任の先生から「よく，あんな小さな声を聞き取れましたね。普段，授業でも全く喋らない子どもなので，取り上げていただき，ありがとうございます。」とお話しがあった。小さな声に反応できた理由は，私が事前に期待していた言葉だからである。

前ページの図のすべてのパターンに注目してみると，一番上の□の数が「１，２，４，５，６」となっていて，「３」がないことに気がつく。「３」がなければ，「まだ，できるかもしれない」と考えるのが当然である。しかし，実は「３」が上になるものを作ることはできない。それを１年生になりに考えて欲しいことが授業のねらいであった。この「３」に気がついてもらうために，出来上がった用紙を動かして，分かりやすいように並べられる工夫をしていた。このように，仕掛けをしておき，事前に予想していたからこそ，その言葉を聞き取れたのである。つまり，子どもたちの声を聞き逃さないようにするためには，「あの場面で，あの子だったら，きっとこう言うだろう」と予想しておくことが大切である。

⑶　予想以上の声を楽しむ。

事前に子どもたちの声を予想したとしても，純粋な気持ちで授業に臨み，考えている子どもから，思いも寄らない声が聞こえてくるときがある。

５年生の「合同」の単元において，合同な三角形の作図について考えたときのことである。辺や角度の条件から，最低3箇所の部分を調べたら，合同な作図が描けることが理解できたところで，どんな3つが必要かを，各自ノートに作図してもらいながら考えてもらった。私は，このとき「３つの辺が等しい」「２つの辺とその間の角が等しい」「１つの辺とその両端の角が等しい」といった三角形の合同条件のみ予想していた。しかし，ある子どもから次のような作図の仕方が挙がった。

①辺ＡＣの長さを引く。
②点Ｃから角度Ｃをとり，延長した線を引く。
③点Ａからコンパスを使って，ＡＢの長さを測り，交わった点が点Ｂとなる。

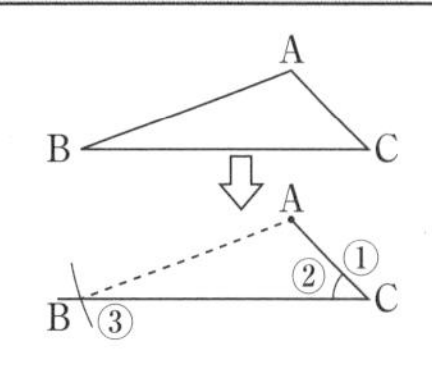

こうした意見に対して，「偶然できる場合もあるね」と，あまり取り上げげなかったとしたら，考えた子どもはどう思うだろうか。「次の授業も，どうせ考えても意味ないから」と思うようになってしまったら，算数における最も大切な「考える力」を育てることはできない。自分が予想をしていなかった意見だからこそ，「他の場合もできるかな」と，一緒になって楽しく考えることが大切である。今回の場合で言えば，辺ＡＢから同様のことを行うと，右図のように，点Ｃの場所が２通り存在することとなり，必ずしも合同な作図を描くことができない。この意見は，いつでもできるわけではないが，描ける場合もある特殊な方法とまとめることができた。このように，一つ一つの意見を大切に扱うことで，「また次も色々と考えてみよう」と思う子どもを育てられるだろう。

⑷　発想力が豊かな子どもたち

子どもたちは，大人が考えつかない発想力を兼ね備えている。それは，新しい問題に対して，知識ではなく，どのように考えたらよいかを常に働かせているからである。その発想力豊かな声を引き出し，予想を上回る声に寄り添うことで，よりよい授業づくりを目指していきたい。

3年　数と計算

かけ算の筆算

1 ねらい

2年生で学習してきた九九をもとに，3年生では2桁×1桁の筆算の方法を学んでいく。方法が理解できれば，桁数が増えても同様に考えて計算できることが，筆算のよさだろう。だからこそ，かけ算の筆算を初めて学習するこの単元においては，筆算の仕方を教え込むのではなく，その意味理解につながる授業が大切になると考える。学習指導要領解説の中には,「例えば,23×4の計算は，23を20＋3とみて，20×4と3×4という基本的な計算を基にしてできることを理解できるようにする。これは，筆算の仕方に結び付く考えである。」と示されている。この「位ごとに分けて計算する」ことを意識できる授業づくりを行いたい。

2 教材，問題・場面設定について

「位ごとに分けて計算する」ことの大切さを，子どもたちが感得するためには，さまざまな考え方の中で,「どの考え方であれば，いつでも使うことができそうか」を吟味する場面が必要だと考える。しかし，学習指導要領解説に例示されている「23×4」の場合，以下の2つの考え方しか出てこないのではないだろうか。

① 23を4回足す。(23＋23＋23＋23＝92)
② 23を20と3に分ける。(20×4＋3×4＝92)

本実践では，21×3の場面を扱うことで，他の考え方も子どもから出るのではないかと考えた。しかし，子どもに委ねるのではなく，新しい考え方が生まれてきやすいように，前時に学習をした「何十×一桁」の計算の仕方についての復習問題に，本時の展開に関係してくる問題(30×3）を入れておくことにした。この2つの問題を比べることにより,「それならば」とさらに新しい考え方も生まれてくるだろう。しかし，同様に考えてみると，今度は「できない」ことにも気がついていく。できる場面と，できない場面があることを経験することにより,「いつでもできる方法はないのかな？」という？（はてな）を，子どもたちに抱かせたい。このように，さまざまな考え方を検証していくことで,「位ごとに分けて計算する」よさを味わえるだろう。

3 学びを深める問いの連続

21×3の答えの求め方を考えましょう。

21を3回たせば，
できそうだね。

3×3＝9，7×9＝63
で求めたよ。

どうやって，21×3の答えを，
3×3＝9，7×9＝63と考えて求めたのかな？

考え❶

1つのまとまりを10ではなく，7とみているんだね。

考え❷

だったら，3のまとまりも作れそうだけど，やってみたら，できなかった。

いつでも使えそうな考え方は，
あるのかな？

21を20と1に分けて
計算してみたよ。

12の段は10の段と2の段を
たす考え方と同じだね。

かけられる数が2桁になっても，10のまとまりと1のまとまりに
目を向けて，数を位ごとに分けて考えればいいね。

- この考え方は，他の数でも使えそうだね。

数が変わっても，位ごとに数を分ければ
同じように考えて計算できるのかな？

4 問いをつくる工夫

？（はてな）を生み出すきっかけ

T：まず，昨日の復習問題をしてみましょう。
　30×3は，どのようにして答えを求めたらよいかを隣の友達に説明してみましょう。
C：30は10が3つだから，それが3つ分あるので，3×3＝9。10が9こあるから，10×9＝90。
C：10を1つのまとまりと考えれば，よかったね。

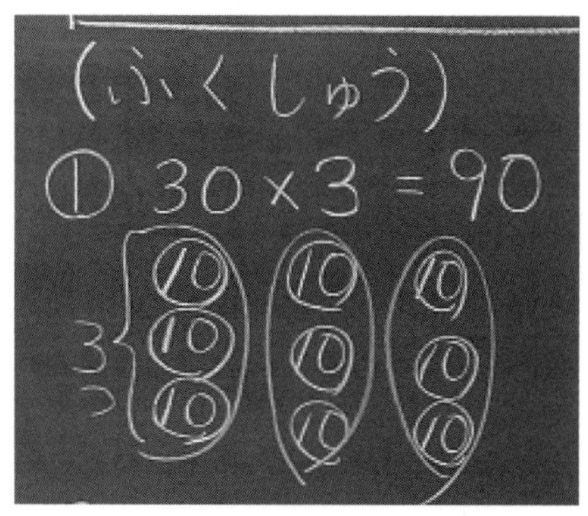

前時の復習を通して，計算技能だけでなく，本時でも働かせたい見方・考え方も振り返る。
この場合は10のまとまりに着目して，30×3を「10の（3×3）個分」とする見方である。

T：それでは，今日は，この問題を考えてみましょう。
　「1枚21円の画用紙を3枚買いました。代金はいくらになりますか。」
C：式は21×3になりそうだね。
T：この答えの求め方を考えてみましょう。
（自力解決の時間を設ける。）
C：21を3回たせばできたよ。

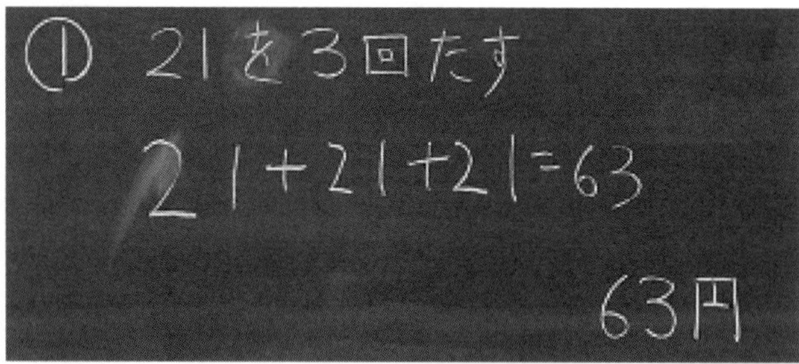

初めに累加の考えを取り上げることで，答えが63になることを確認する。
これにより，**答えが保障された状況で，子どもの問いを「21×3の計算の仕方」に焦点化する。**

C：答えは，63円になることは絶対だね。
C：ぼくは，こんな式で考えてみたよ。
　3×3＝9。7×9＝63。

次に，子どもの？（はてな）を生み出す子どもの考えを取り上げる。このように，個人思考の机間指導中に子どもの考えを見取り，問いが生まれる意図的な指名を検討していく。

どうやって，21×3の答えを，3×3＝9，7×9＝63と考えて求めたのかな？

？？をつなぐ教師の役割

C：図にしてみれば，わかるかもしれない。

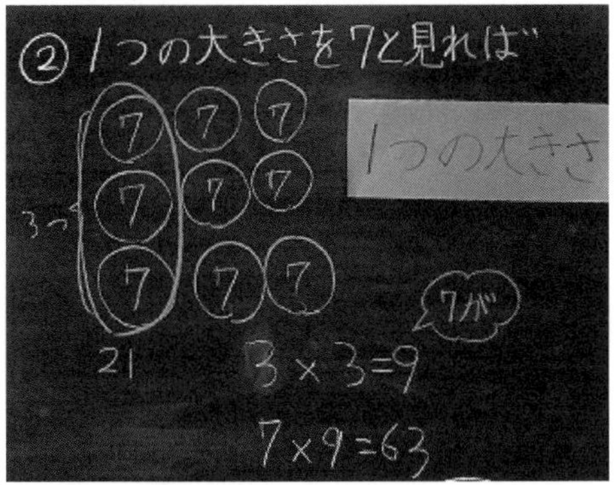

C：なるほど。21を7×3と考えて，3が3つで9。
　1つの大きさは7だから，7×9＝63だね。

C：最初に復習した30×3＝90と似ている。

C：この問題では，10円玉ではなく，7円玉と考えているんだね。

C：だったら，3円玉があるとして，21を3が7枚と考えれば，他の求め方もできそうだね。

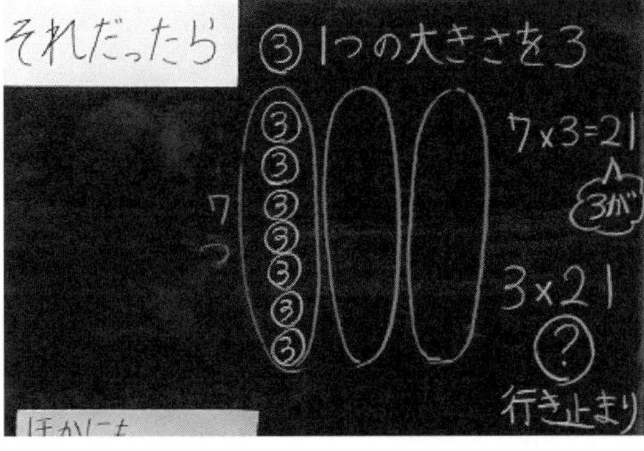

C：でも，やってみたら，7×3＝21になって，3円玉が21枚だと，3×21になって，答えの求め方がわからなくなった。

C：確かに，やり方としては正しいけれども，この計算の仕方がわからないから，ここで行き止まりだね。

C：できる場合と，できない場合があるんだね。

C：いつでも，使える方法はあるのかな？

> 21×3の計算の仕方を図に表すことで，30×3の計算のしかたと対比しやすくする。これにより，「数のまとまり」に着目する共通な見方が視覚化され，明確になる。

> 見いだした方法ではできない場合があることを学級全体で確認することで，**「いつでも使える方法はあるのかな。」という一般化に向かう思考を促す。**

？？ いつでも使えそうな考え方は，あるのかな？

<ruby>!<rt>なるほど</rt></ruby>から<ruby>!?<rt>だったら</rt></ruby>へ

C：ぼくは，このように考えてみたけど，どうかな？
21を20と１に分けて，20×３と１×３をたす。

T：分けて考えて，たしてもいいのでしょうか？

C：だって，九九表を12の段まで広げたときに，12の段は10の段と２の段をたした考えと同じだよ。

C：確かに。20の段と１の段と考えればいいね。

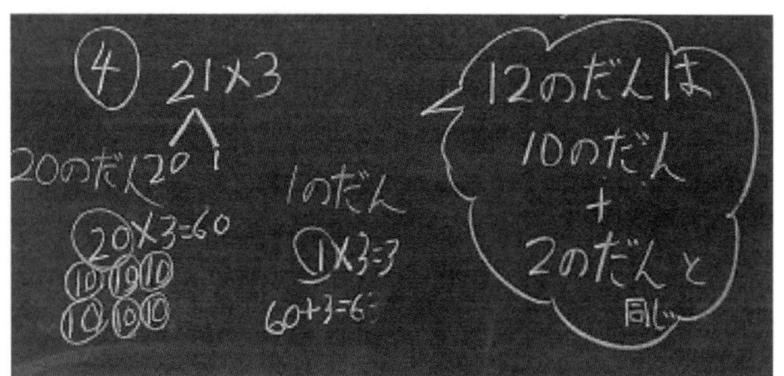

教師から「そんなことしていいの？」と揺さぶりをかけることで，「どのような既習を用いているのか」に焦点化し，「10と１に分けて考えるよさ」を説明させていく。

C：この考え方は，他の数でもできるのかな？

C：例えば，23×９だったら，どうなるかな。

T：よい例が出ましたね。では，23×９は，今日の①〜④の考え方が使えるかやってみましょう。

C：①は，23を９回たせばできる。②，③はできないな。
④は，20×９と，３×９に分けて，その答えをたせばできそうだ。

C：①は９回たすと大変だから，④の方が簡単だね。

「他の数でもできるのかな」という発展的な子どもの発言を取り上げ，23×９を扱う。これにより，発展的に考える態度を育むとともに，見いだした解決方法の理解を振り返る活動になる。

なるほど！ かけられる数が２桁になっても，10のまとまりと１のまとまりに目を向けて，数を位ごとに分けて考えればいいね。

C：十の位と一の位に分けて考えるんだね。

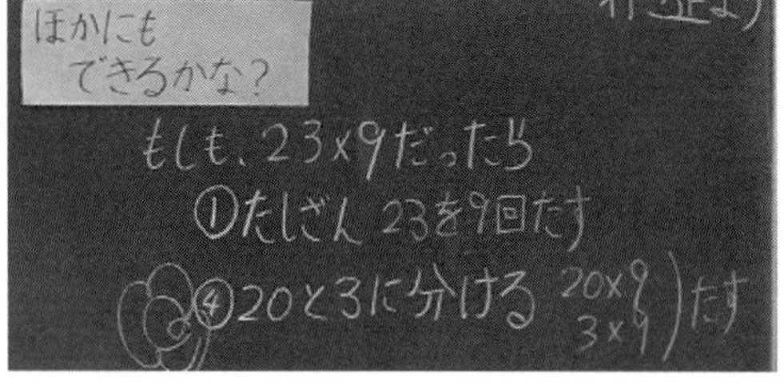

C：このように考えたら，どんな数でも使えそうだね。

C：もしも，桁が増えたとしても，同じように位ごとに分けて考えれば，できるのかな。

だったら !? 数が変わっても，位ごとに数を分ければ同じように考えて計算できるのかな？

完成板書

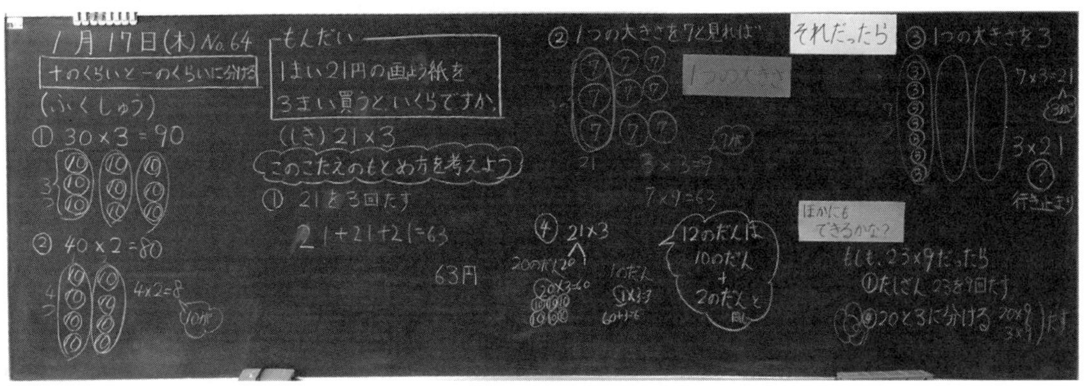

5 授業を振り返って

前時の学習を確認するために，復習問題から授業を始めることは，よくあることだろう。その問題を適当に出すのではなく，本時の展開につながる数字を織り交ぜておくことで，子どもの多様な考え方を引き出す手立てとなる。本実践の例では，「30×3」と「21×3」を比べさせることにより，30を「10が3つ」，21を「7が3つ」と，1つ分の大きさを変えただけで，本質は変わらないことに気づかせたかった。これが理解できると，21を「3が7つ」とも考えられるが，この考え方では九九を超えてしまい，既習では解決ができないことがわかり，よりよい方法を考えていく展開にした。しかし，実際に行ってみると，「3」という数が頻出し，子どもたちの理解の妨げになっていたと感じた。こうした弊害が出ないように，教科書の数値は，とても吟味されている。だからこそ安易に数値を変えるべきではない。もしも，今回のような目的をもって，数値を変更するのであれば，例えば「30×4」の復習問題と，「21×4」の場面にするなど，数値に関しても教材研究をすることは大切である。また，当然のことながら，机間指導をする中で，指名する順番も考えなければならない。

次時の学習において，筆算を指導したが，この時間においても，右図①のように「位ごとに分けて計算する」方法をもとに進め，②の一般的な形へとつなげていきたい。特に繰り上がりのある計算になると，②の筆算が理解できない子どもがいる。それは，形式的に覚えようとしているからである。私はこの「位ごとに分けて計算する」意味合いを理解させていくために，特に苦手な子どもに対しては，まずは①のように書き，それを②でも書き直すことをさせている。この練習を積み重ねることで，「位ごとに分けて，九九をすればいい」ことに自ら気がついていく。このように筆算の学習においても，自分たちで考えさせせることを大切にすることで，「桁数が増えたときにも，同様に計算できるのではないか」と考える児童を育てていきたい。

①
$$\begin{array}{r} 21 \\ \times\ \ 3 \\ \hline 3 \\ 60 \\ \hline 63 \end{array}$$
→
②
$$\begin{array}{r} 21 \\ \times\ \ 3 \\ \hline 63 \end{array}$$

3年　数と計算
分数

1 ねらい

分数指導では，2年生において$\frac{1}{2}$，$\frac{1}{3}$などの簡単な分数について，具体物を操作したり，大きさをつくったりする活動を通して学習をしてきている。前者を「操作分数」，後者を「分割分数」という。3年生においては，こうした素地的な学びを土台とし，分数の意味や表し方について理解できるようにしていくことが目的とされている。

特にここでは，分数の意味を「$\frac{2}{3}$L，$\frac{2}{3}$mのように，測定したときの量を表す」という「量分数」の捉えから理解を深めていく。

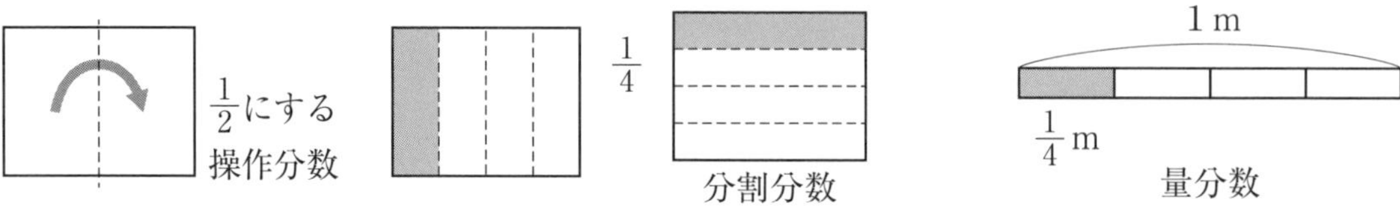

分数を新たな視点から見直すとともに，「普遍単位」の意味についても理解を深めていくことが大切である。

2 教材，問題・場面設定について

上記のようなねらいを達成するためには，これまで分数の意味として用いてきた「操作分数」や「分割分数」と，新たな見方である「量分数」の違いを明確にしていく必要がある。しかし，これは3年生の子どもにとっては容易なことではない。

そこで，本時では分数神経衰弱というゲームで導入し，「2ｍを4等分した1つ分の長さを分数で表すとき，どのように表現したらよいか」という問題意識を子どもから引き出していく。そして，「（2ｍの）$\frac{1}{4}$」「$\frac{1}{4}$m」「$\frac{1}{2}$m」といった考えを引き出し，分数の捉え方のずれを浮き彫りにさせていくのである。

話し合いの中では，「2ｍを4等分した1つ分の長さ」が「2ｍの$\frac{1}{4}$」であることは，図に表すことで共通の認識であることを確認していく。その上で，「長さに単位をつけて表現するというのはどういうことなのか」に焦点化し，「普遍単位」がつく意味について考えさせていく。そして，「普遍単位」がつくときのみ，等分する「もとの長さ」がただ1つに決まっていることを印象づけていくのである。

子どもたちは，分数を「量分数」という新たな視点で捉えられるようになるとともに，整数で何気なく使っていた「普遍単位」の意味を改めて見直していくことができると考える。

3 学びを深める問いの連続

分数神経衰弱をやろう。(同じ分数をペアで取る)

同じ分数を見つけられるかな。

「$\frac{1}{3}$mの4個分」と「$\frac{4}{3}$m」のカードはペアだね!

「2mを4等分した1つ分の長さ」は,どんな分数で表せばいいのかな?

考え❶ $\frac{1}{4}$じゃないかな。

考え❷ $\frac{1}{4}$mじゃないかな。

考え❸ $\frac{1}{2}$mじゃないかな。

$\frac{1}{4}$と$\frac{1}{4}$mは同じなのかな,違うのかな?

mがついてるってことは,1mをもとに…。

なるほど

$\frac{1}{4}$mは「1mを4等分した1つ分の長さ」だから,1mではない長さを4等分したら$\frac{1}{4}$mとはいえないね。

- 2mの$\frac{1}{4}$は,ちょうど1mの$\frac{1}{2}$の長さだ!

もとの長さが4mや8mのとき,その$\frac{1}{4}$の長さは何mになるのかな?

4 問いをつくる工夫

はてな を生み出すきっかけ

T：これから，分数神経衰弱をやりましょう。

C：面白そう！　きっと同じ分数のペア（同じ意味）で合わせて取るんじゃないかな。

（6枚のカードを裏返しにして提示し（本実践ではテレビで提示），学級を2チームに分けてゲームを行っていく。）

C：やった！　ペアを見つけたよ。

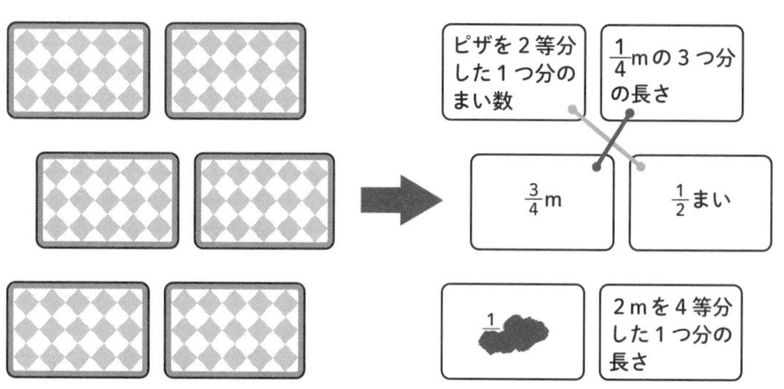

「本当に同じペアといえるの？」と問い返すことで，カードに書かれた分数の意味を説明させ，既習を振り返る場をつくる。

C：カードに同じ分数の数値が書いてあるんじゃないんだね。ちゃんと，書いてあることの意味を考えなきゃダメだ。

C：この「$\frac{1}{\bullet}$」って何!!?　カードが汚れていてよく見えないよ。

C：最後に残ったのがこの「$\frac{1}{\bullet}$」と「2mを4等分した1つ分の長さ」のカードだから，この2枚はペアってことじゃない？

T：「$\frac{1}{\bullet}$」＝「2mを4等分した1つ分の長さ」なんですね。

C：だったら，わかるよ。

残った2枚のカードを焦点化し，「カードの汚れた部分もわかりそう」という子どもの反応を引き出す。

「2mを4等分した1つ分の長さ」は，どんな分数で表せばいいのかな？

（一人一人に，自分の考えをノートに書かせる。）

T：どんな長さでしたか？

C：$\frac{1}{4}$　　C：$\frac{1}{4}$m　　C：$\frac{1}{2}$m

C：え!?　何で！？

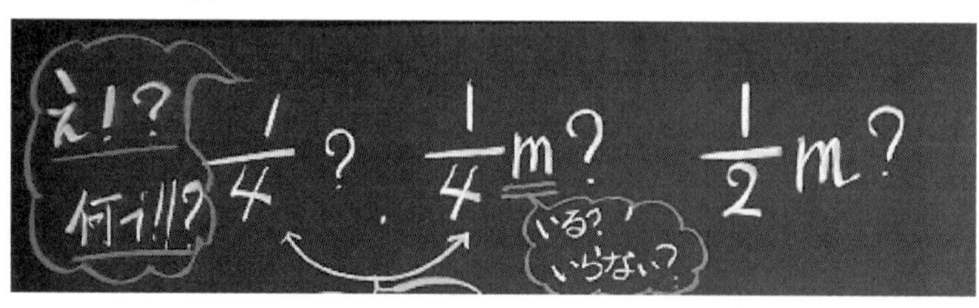

3種類の結果のみを板書し，**考え方にずれがあることを明確にする。**
これにより，「どれが正しいのか」という子どもの はてな を引き出す。

??をつなぐ教師の役割

T：3つも考えが出てきましたね。いったいどれが「2mを4等分した1つ分の長さ」なのですか？

C：$\frac{1}{4}$と$\frac{1}{4}$mって同じじゃないかな？

C：わたしも同じだと思う。

T：$\frac{1}{4}$と$\frac{1}{4}$mは同じなんですね？　では，mはつけてもつけなくても，どちらでも構わないということでいいですか？

C：いいと思う。

C：…いや，だめじゃないかな。

C：(図を書きながら）だって，知りたいのは2mの$\frac{1}{4}$だけど，$\frac{1}{4}$mじゃないから。

「$\frac{1}{4}$と$\frac{1}{4}$mは同じ」という意見を取り上げることで，対立する「$\frac{1}{4}$と$\frac{1}{4}$mは違う」という考えを引き出す。
これにより，「$\frac{1}{4}$と$\frac{1}{4}$mは同じなのか，違うのか」という問いへの変容を図る。

?? $\frac{1}{4}$と$\frac{1}{4}$mは同じなのかな，違うのかな？

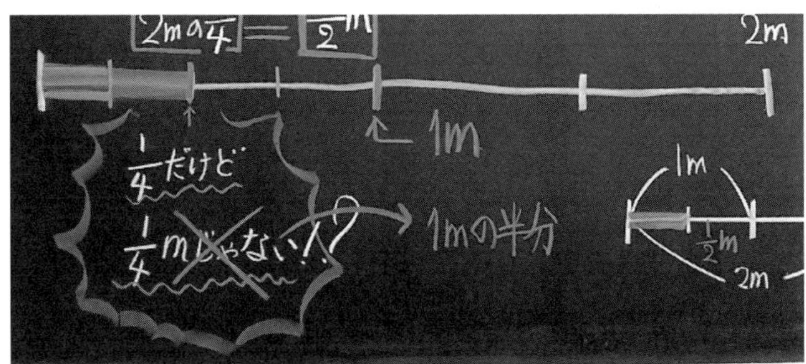

C：$\frac{1}{4}$なのに…$\frac{1}{4}$mじゃないってどういうこと？

T：○○さんは，これが2mの$\frac{1}{4}$だけど$\frac{1}{4}$mじゃないと考えているんですね。みんなは，この気持ちがわかりますか？
考え方を想像して周りの人と話し合ってみましょう。

(少し話し合う時間をとる。)

T：この長さが2mの$\frac{1}{4}$だということは，みんな納得なのですか？

C：はい。

C：でも，それに単位をつけたらおかしいという人と，おかしくないという人がいるの。

T：「単位」が問題なんですね？　mやLなどの単位は，これまで整数のときにも使ってきましたね。

C：うん。たしかに使ってきたけど…。

少数派の「$\frac{1}{4}$と$\frac{1}{4}$mは違う」という立場の考えを，学級の子どもたちに想像させることで，話し合いを活性化させる。

ここまでの議論を整理して，「2mを4等分した1つ分の長さ」が「2mの$\frac{1}{4}$」であることは共通の認識であることを確認する。

なるほど（!）から だったら（!?）へ

C：…やっぱり$\frac{1}{4}$mじゃないよ。だって，今まで２ｍといったら１ｍの２つ分，３ｍといったら１ｍの３つ分だったでしょ？　だから，$\frac{1}{4}$mといったら，１ｍの$\frac{1}{4}$にならないとおかしいよ。

C：なるほど!!　意味が分かった!!

C：（図を書きながら）$\frac{1}{4}$mといったら，等分するときのもとの長さは１ｍだから，この長さになるはずだよ。

なるほど（!）　$\frac{1}{4}$mは「１ｍを４等分した１つ分の長さ」だから，１ｍではない長さを４等分したら$\frac{1}{4}$mとはいえないね。

既習の「○m」はどのような意味であったかを想起させる。これにより，「○mは，１ｍの○つ分」という大切な見方を引き出す。

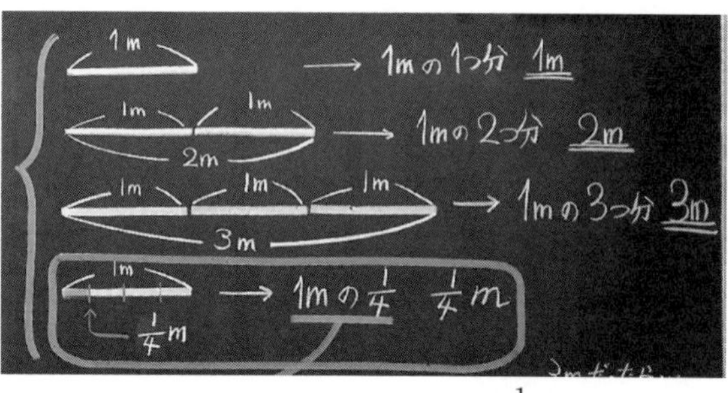

C：そうそう。でも，今は２ｍの$\frac{1}{4}$が知りたいから，$\frac{1}{4}$mじゃないの。

T：$\frac{1}{4}$mではないのですね。

C：ちょうど１ｍの半分になっているから$\frac{1}{2}$mだよ。

C：本当だ。確かに$\frac{1}{2}$mだ。

T：結局，$\frac{1}{4}$と$\frac{1}{4}$mの違いは何ですか？

C：$\frac{1}{4}$は，「何でもいいから４等分した１つ分」で，$\frac{1}{4}$mは「１ｍを４等分した１つ分の長さ」だと思う。

C：単位がつくと，もとの長さが限定されるっていうか…。

C：$\frac{1}{4}$はいっぱいできるけれど，$\frac{1}{4}$mというときは１ｍを４等分するときだけってこと。

改めて$\frac{1}{4}$と$\frac{1}{4}$mの違いを問い，分割分数と量分数の違いを整理してなるほど（!）をまとめる。

だったら（!?）　もとの長さが４ｍや８ｍのとき，その$\frac{1}{4}$の長さは何ｍになるのかな？

C：４ｍの$\frac{1}{4}$だったら簡単だよ。４ｍを４等分した１つ分だから１ｍ。そう考えると当たり前だね。

C：だったら，８ｍなら$\frac{1}{4}$にすると２ｍだよ。

C：12ｍなら…。いくらでもできそう。

C：でも，３ｍだったら…うまく分けられない。

T：３ｍだと難しそうなんですね。でも，これからも分数の学習を進めていけばわかるかもしれませんね。

もとの長さが他の場合，その$\frac{1}{4}$の長さは何ｍか問う。これにより，**もとの長さが変わった場合を発展的に考える態度を育む**とともに，本時の理解を振り返る活動になる。

完成板書

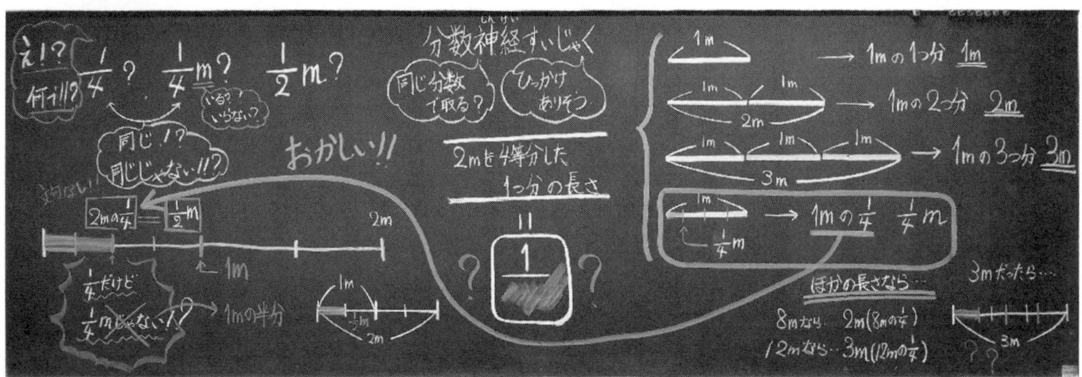

5 授業を振り返って

本時場面は，分割分数と量分数の概念的な違いを明確にしていくとても難しい場面である。3年生であれば，多くの子どもが２ｍを４等分した１つ分を「$\frac{1}{4}$」と考えるだろう。それほどまでに，子どもたちの中では分数とは，「分割分数」のイメージが強いのである。

実際に授業を展開していく際には，漠然と「どれが正解なのか」といった議論をしていても平行線をたどることが多い。そこで，「２ｍを４等分した１つ分を２ｍの$\frac{1}{4}$とみていることまでは共通認識である。」「その長さに単位をつけることが問題である」というように，どこまでが見方として同じで，どこからがどう違うのかを明確にする教師のかかわりが大切になる。

「２ｍの$\frac{1}{4}$と$\frac{1}{4}$ｍの意味が同じ」と考えている立場は，普遍単位がつこうがつくまいが，どちらも$\frac{1}{4}$という分割分数の意味しかもっていないと考えている。一方，「２ｍの$\frac{1}{4}$と$\frac{1}{4}$ｍの意味が違う」と考えている立場は，普遍単位がついている場合はもとにする長さが１つに決まることが見えている。つまり，「分割分数」と「量分数」の違いを認識するには，分数の意味だけにこだわって議論をしている限りは，どんなに図や具体物を多用しようとも明らかにならないのである。これまでの学習を振り返り，「普遍単位」が数値につくことでどんな役割を果たしていたのか，そこを明らかにしていく必要がある。

ただし，中学年という発達段階の特性から，子どもたちは自分の捉え方に固執してしまうことも考えられる。議論を深めていく際には互いの主張を述べさせるだけでなく，自分とは異なった捉え方の立場に一度立たせ，その見方を想像させることが大切であると考える。

瀧ケ平悠史

3年　図形

円

1 ねらい

「円」については，これまでに学習はしてきてはいない。子どもの実態としては，日常生活上の身の周りのさまざまな円形のものに触れる中で，「まるいかたち」や「まんまる」という曖昧な認識でしかない。

つまり，本単元ではこれまで用いていた「まるいかたち」「まんまる」という日常語を,「円」という図形の言葉に置き換えさせるために，円の中心や半径に着目させていくことによって，円の概念を理解させていくことが大きな目的となる。

2 教材，問題・場面設定について

⑴　円の中心を見いださせていくことの重視

これまでの先行研究及び実践では，円の中心が決定された状態で，そこから等距離にある点を集めさせることで円を創らせ，そこから半径と中心の意味を理解し，円の概念を獲得させていくというものがほとんどである。例えば，「子どもたちが何人かで一斉に輪投げをします。全員が公平になるようにするには，子どもたちはどこから投げればよいでしょうか」といった問題である。

本実践も，この「輪投げ」を素材とした問題であるが，これまでの行われてきた実践に，課題を１つ加えた。それは，**「円の中心を見いださせる活動」**である。例えば，右のように３人の子どもは固定し，輪投げの的を動かすことで，中心を見いださせるということである。

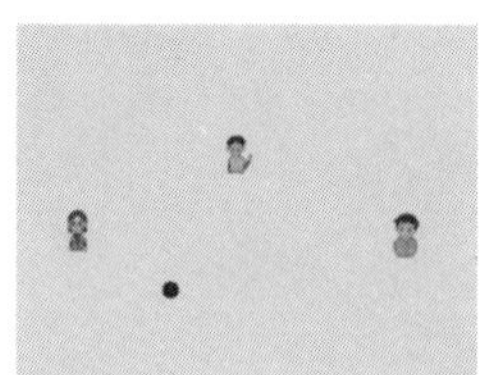

つまり，中心から等距離にある点の集合として円を捉えるだけでなく，いくつかの点から等距離にある中心の位置の決定方法を考えさせることで，円の概念の理解を深めようとしているのである。

⑵　図形感覚の育成と「作図」の素地的指導として

上で示した活動は，中学数学の学習内容である「垂直二等分線」や「作図」の素地的学習となり，また，図形感覚を豊かにするという意味でも重要となるので，豊かに経験を積ませたい。

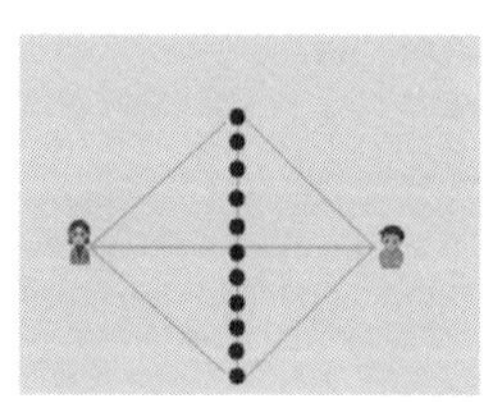

3 学びを深める問いの連続

まず2人で輪投げをする場合，的の棒はどこに置きますか？

2人の中心。

「2人の中心の上」ってどこ？

他にもある。
2人の中心の上。

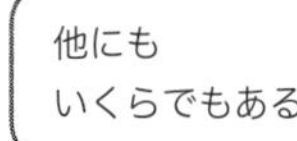

他にも
いくらでもある。

点を結ぶと線ができて，その線の上なら二等辺三角形の2つの辺の長さが等しいからどこでも平等。

3人で輪投げをする場合，的の棒はどこに置きますか？

2人の真ん中。

そこじゃ上の人に近い。
もっと下。

「もっと下」ってどこ？
何か所もあるの？

3人から等しい距離のところ。

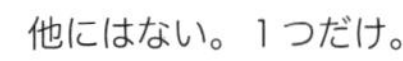

他にはない。1つだけ。

3人から等しい距離は1点で，それはただ1つだけ。

4人で輪投げをする場合，的の棒はどこに置きますか？

4人目が
そこでは無理。

4人目はどこに
立てばいいの？

他にもある。
2人の中心の上。

中心から他の3人までと等しい距離の場所。

何人でも公平に輪投げはできる。
30人で輪投げをしたら立ち位置はどうなる？

観覧車みたい。

○がみえてきた。

4 問いをつくる工夫

【はてな(?)を生み出すきっかけ】

T：今日は，この動画のような「輪投げ」について考えます。

※「輪投げ」をしている動画教材を見せる。

（動画教材作成ソフト
スクールプレゼンターEX：内田洋行）

T：みんなで一斉に輪を棒に向けて投げようと思うんだけど，的の棒はどこに置けばいい？

C：みんなにとって平等なところ。

T：「平等」ってどんな場所？

C：輪投げの棒からの距離が等しい場所。

〈場面① 2人で輪投げ〉

T：じゃあ，まずは2人で輪投げをする場合で，的の棒をどこに置くのか決めましょう。人は固定で，棒だけ動かします。

C：じゃあ，輪投げの棒の場所を2人から等しい距離にすればいい。

C：2人の真ん中。

C：他にも（的の置き場所）があるよ。

はてな(?)を生み出すしかけ

スクールプレゼンターEX（内田洋行）で作成した動画を電子黒板に提示し，実際に輪投げの動きを見せ，イメージを持たせる。そして，画面上にはキャラクターが数名いることから，複数人で一斉に輪を投げるという状況であることをつかませる。

ここで，輪投げの的の棒の置き場所をどうするかを問いかける。そこから，左で示した「平等」「等距離」といった反応を引き出し，課題を明確にする。

「2人で輪投げ」の場合である。

キャラクターは動かないことを伝える。そこから，輪投げの棒の場所を2人から等しい距離にするという意見を引き出し，実際に棒（円の中心）を子どもに画面上で移動させるようにする。

はてな(?)をつなぐ教師の役割

T：えっ，本当？　ほかにもあるの？　どの辺り？どの辺りなのかみんな分かるの？

C：上だよ。上！

T：上ってどこ？　考えてノートに書いてみて。

（自力解決1分程度）

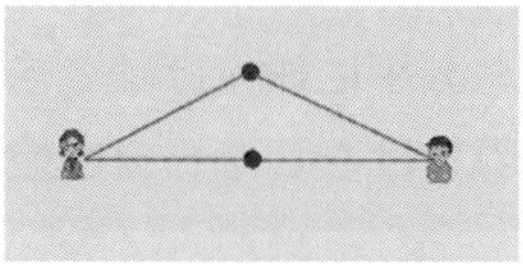

C：あっ，真ん中の棒の真上か。

T：真上かぁ。確かに2人から等しい距離にあるね。

C：だったら，いくらでもある！

T：えっ，いくらでもあるの？　じゃあ，画面に描いてみて。

はてな(?)をつなぐしかけ

「他にもある」という子どもが現れるだろう。その子どもの反応をとり上げ，全員に問い返す。「上！」などとつぶやく子どももいるだろうが，すぐには気づけない子どもも多い。そこで少し時間を取り，手元でノートに書かせて考えさせる。多くの子どもが気づいたら発表させる。

C：なんかきれい。三角形がたくさんできる。

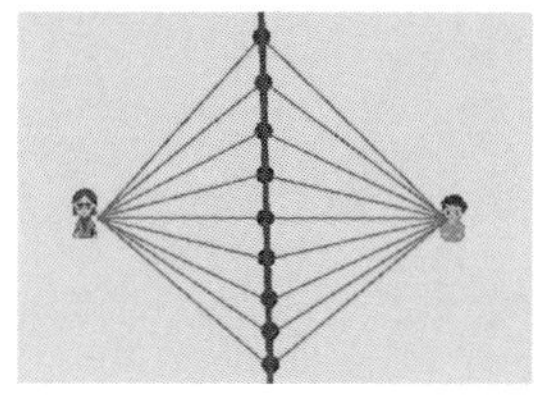

C：全部，二等辺三角形の頂点だ。
C：頂点を結ぶと線ができる。
C：この線の上なら，二等辺三角形の2つの辺の長さが等しいからどこでも平等だ。

2つ目の？？から！(なるほど)へ

〈場面②　3人で輪投げ〉

T：じゃあ，3人だったら棒の置き場所はどこになる？　ノートに描いてみましょう！
（自力解決1分→発表）
C：この辺りじゃない？

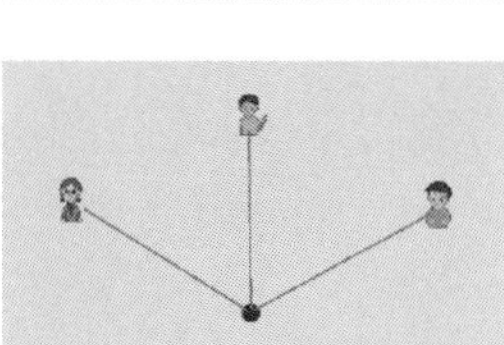

C：それは上の人が近いから有利だよ。
C：もう少し下。
T：もう少し下ってどの辺なの？
C：こんな風に，輪投げの中心は3人から等しい距離のところ。
T：なるほど，そこなら3人から等しい距離だね！　他にもある？
C：……
C：もうない。この1点しかない。
T：えっ，そんなわけないでしょ。2人の時はいくつもあったのに……。
C：やっぱりない。3人で輪投げをする場合は，1点しかない。

3つ目の？？から！(なるほど)へ

〈場面③　4人で輪投げ〉

T：じゃあ，4人だったら棒の場所はどうなるかな？

C：どこだろう？
（自力解決→発表）
C：平等な場所はない。だって，3人で1点に決まったからそれは動かせない。だから，4人にとって平等の場所はない。
T：そうなんだぁ。じゃあ，4人では公平に輪投げはできないんだ。輪投げは3人までなんだね。

　「いくらでもある」という反応を受け，子どもに画面に点を描き込ませ，点と人を線で結ばせていく。描かれていった点は垂直二等分線になり，線は二等辺三角形を描くこととなる。
　5，6人の子どもに点や線を描かせていくと，「三角形ができる」「点を結ぶと線ができる」という声が聞こえてくる。その声を取り上げながら，図形の見方を深めていくようにする。

（？？の答えに対し，修正を促す）
　「3人で輪投げ」の場合である。
　まずは，実際にノートに中心を描かせてみる。すると，「左右のキャラクターの中心」という誤答を示す子どもが多数現われる。まずはその誤答を取り上げつつ，「不平等」「上の人が有利」「もう少し下」という意見を取り上げながら，誤答を修正させていく。

（納得いくまで確かめさせることで，！(なるほど)へ）
　点と人を結ばせることで1点が明確になったところで，「他にはどこ？」と問いかける。子どもたちは少し悩むが「ここしかない」と結論づけるだろう。そこで再度「そんなわけない。2人の時はいくつもあったのに……。」と問いかけ，再度確かめさせる。そこから，「やっぱり1点しかない」と結論づけさせ，納得に至らせる。
　これが「円の中心」である。

C：うん……。

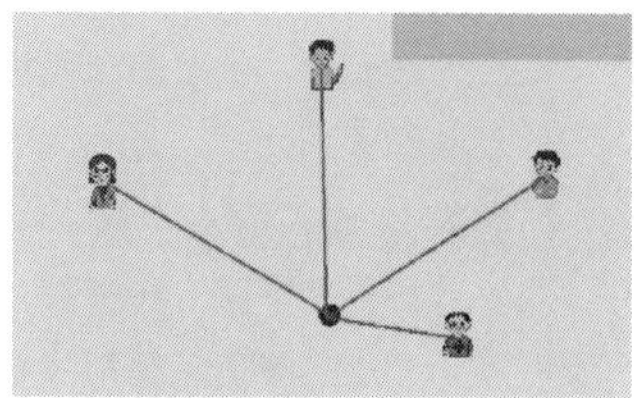

C：でも，人を動かしていいなら，４人でも公平に輪投げができる。

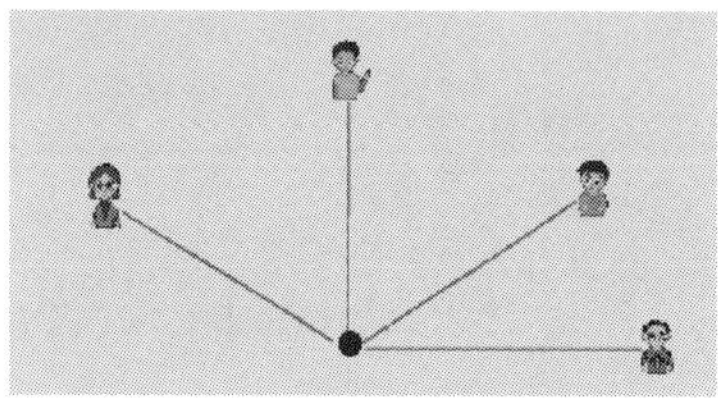

T：そうなの？　じゃあ，４人目はどこに動けばいい？

C：こんなふうに，赤い線で結んで，同じ距離のところならどこでもいい。

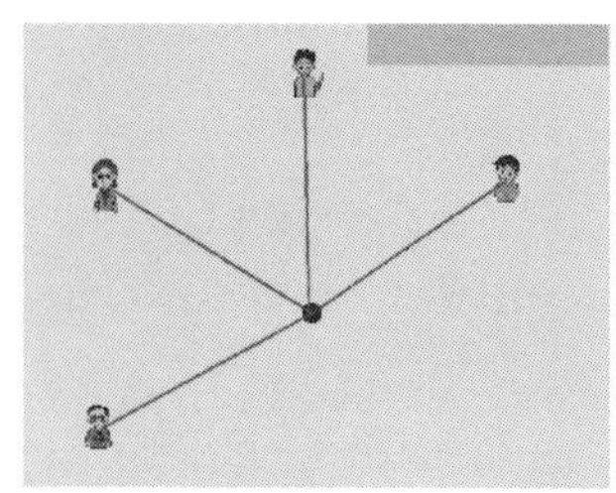

（３つ目の？（はてな）から，納得いくまで確かめさせることで，！（なるほど）へ）

「４人で輪投げ」の場合である。

実際に，試行錯誤させることで，３人で１点に決まり，その３人が同じ場所にいるから１点は変わらないから，４人目がその場所にいたら等距離になる中心はないことに気づいていくだろう。

その気づきが子どもに広がったところで，「４人では公平に輪投げはできないんだ。」と問いかけることで，「人を動かしていいなら」という反応を引き出していく。

そして，「４人目はどこに動けばいい？」と問い，４人目の居場所をいくつか出させ，「中心から等しい距離」を見いださせることで納得を促す。これが「円の半径」である。

！（なるほど）から！？（だったら）へ

〈場面④　５人以上で輪投げ〉

T：人を動かせば４人でも公平に輪投げはできるんですね。そうすると，何人まで公平に輪投げはできそうですかね？

C：何人でもできる。

T：えっ，何人でもですか？　そんなわけないでしょ。４人であれだけ困っていたのに……。

T：じゃあ，とりあえず５人目の人は，公平に輪投げをするためにはどこに立てばいいですか？

C：５人目と同じだよ。

C：的から同じ距離になるような場所に立つようにすればいい。

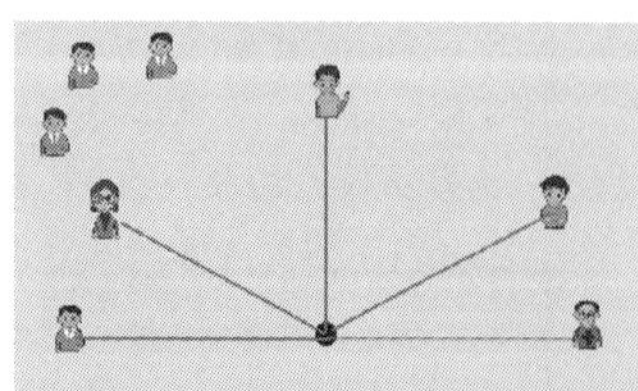

T：じゃあ，もっと大人数にしてみましょうか。何人にしてみましょうか？

！？（だったら）を生み出すしかけ

「５人以上で輪投げ」の場合である。「何人まで公平に輪投げはできそうか」を問うことで，「何人でもできる」という反応を引き出す。

ここで，再度「そんなわけないでしょ。４人であれだけ困っていたのに……。」と問い返す。それによって，「４人目と同じ」「的から同じ距離になるような場所に立つ」という考えを引き出していく。

C：クラスの人数の30人でやってみよう。

T：じゃあ，クラス30人で公平に輪投げをするにためにはどこに立てばいいか，１人ずつ画面に人を立たせてみましょう！

C：観覧車みたい。

C：丸い輪になってきた。

C：円だ。

T：中心から等しい距離の点を集めると○（円）ができるんですね。

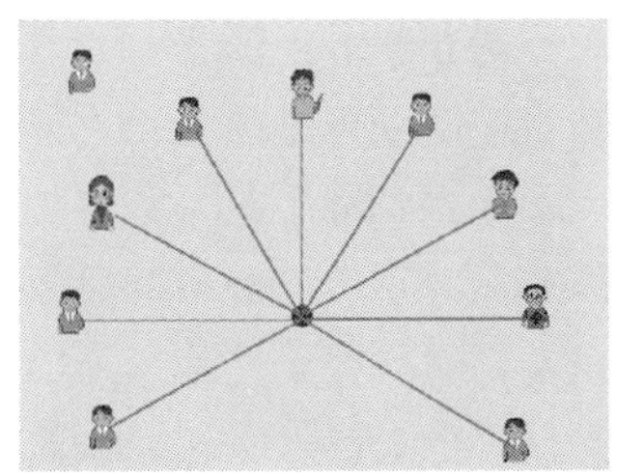

最後は「活動」から「概念」へ

最後に，「もっと人数を増やしてみよう」と提案する。子どもたちは「クラス全員の30人」に増やすといってきた。それを捉えて，子どもたち一人一人に画面に人を配置させていく。

すると，「観覧車・○・円が見えてきた」という反応が引き出される。それを捉え，「中心から等しい距離の点を集めると○（円）ができる」とまとめて，授業を終える。

板書

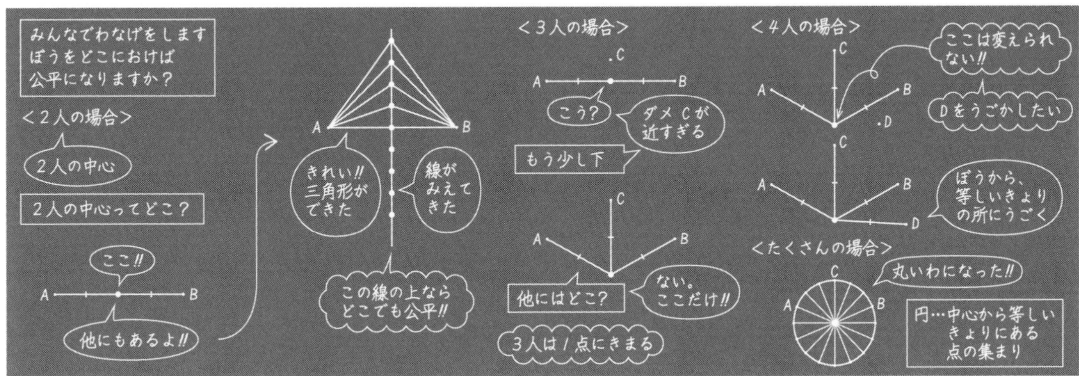

5 授業を振り返って

第３学年「円」の多くの実践は，円の中心は決定された状態で，半径を見いださせることで円の概形を発見させるようにしている。しかし，円の構成要素は「中心」と「半径」なのだから，「半径」だけでなく「中心」も発見させるようにすることが，「円」についての理解を深めるうえで重要なのではないだろうか。また，「２点間の等距離の点の集まりは直線になるが，３点間の等距離の点は１点しかない」という見方を見いださせることも，図形に対する豊かな感覚を育むという意味でも重要であると考え，このような授業展開とした。

２人の場合の輪投げの的を置く活動で，「二等辺三角形や垂直二等分線」を自ら見いだしたことや，輪投げの的を置く場合は「３人の場合の１点にきまる」ということに気づいた衝撃は一生忘れることのない学びであったように感じた。

私は，円の概念を子どもたち自らで構築した姿に感動し，その姿には頼もしささえ感じた。

大野 桂

子どもの学力差から逃げない教師であるために……

筑波大学附属小学校　大野 桂

■「わからない」と困っている子どもを何とかしてあげたいと思うのが学級担任

全国学力調査の平均点に一喜一憂し，その対策にさまざまな教育機関が奔走する。

子どもと目の前で対峙していない機関からしてみれば，平均点が上がれば子どもたちの学力が上がったと思うのかもしれない。しかし，私たち学級担任は，そんな平均点からは見えない学級内の一人一人の深刻な子どもの学力差と向き合いながら，日々，算数授業に臨んでいる。

私たち学級担任は平均点を上げたいがために授業をしているわけではない。学級の中に１人でも「わからない」と困っている子どもがいたら，何とかしてあげたいと思うのが学級担任なはずである。そうはいっても，そんな私たち学級担任は，学力差がある学級で子どもたちにどんな授業ができるのだろう。

■私は学力差に対応していなかった

子ども一人一人を大切にする授業づくりをするために，子どもの学力差に対応した算数授業ができていなかった私自身を振り返り，自分を戒めてみる。

〈問題提示～課題把握場面〉

問題場面が提示され，式を見いだした子どもたち。唐突に，「計算の仕方を考えましょう」と漠然とした課題が与えられる。「“考えましょう”と言われても，何をすればいいの？」「とりあえず答えを出せばいいの？」「あ～，手がつけられない」と，行き先を不透明に感じ，解決の一歩目を踏み出せない子どもがいそうな気もするが，それもやむなし。

学力差が顕著に表れていることへ想像はついているが，そこに踏み込みもせず，手立て無く自力解決へと向かわせていたことには反省ばかりが残る。

〈自力解決場面〉

案の定,「解決の見通しを持てず，全く手をつけられない子ども」「誤答を示す子ども」「具体物操作や図などに描いてなんとか解決に向かい努力する子ども」「自らの発想でよりよい方法を見いだそうとする子ども」「唐突に形式的に解決する子ども」など，解決の方向に統一性もなければ，解決レベルも異なる，まさに学力差が顕著に表れた状態となる。

「計算の仕方を考えましょう」という曖昧な課題が，学力差を浮き彫りにした。不明確な課題を設定した私の手立ての無さが，学力差を浮き彫りにしたのである。

〈発表場面〉

なんとしても学習のねらいを達成しなければならない。だから，机間巡視で目星をつけておいた，ねらいに沿い，且つ，それぞれ異なる解決方法や異なるレベルで解決をしていた数名の子どもだけに発表させた。
　もちろん机間巡視の際，ねらいに沿う解決方法をしなかった子ども，また，誤答を示している子どもが数名いることは知っていた。しかし，それらを発表で取り上げ吟味したら，ねらいを達成するには時間が足りないと思った私は，正答をした子どもだけに発表をさせ，正解を聞かせることだけで学習内容の理解をさせようとした。

　発表の機会を与えられず，授業の土俵にも上がらなかった，ねらいに沿わない解決方法をした子ども，誤答を示した子どもがどう思っているかは聞いたことはないので分からない。しかし，心の声は想像できる。「手を挙げているのに，何で私は指名されないんだろう。いい考えじゃないからかな……。」「僕が間違っていたことに気づいていたはずなのに，先生は正答ばかり聞いて，間違っていた僕をどうしてほっておくんだろう……。」と思っているかもしれない。想像できたのに，私は目の前の学力差から逃げた。

〈比較検討場面〉
　ねらいに即した意見を丁寧に取り上げ，ねらいの達成に向かっていっている，その時，ある子どもから突拍子もない意見がなされた。ねらいから外れていると感じた私は，「面白そうな意見だね，後でもう１回聞くからね。さて，他に意見はありませんか！」と，適当に受け流し，ねらいの本筋に強引に話題を戻した。

　突拍子もない意見を述べたということは，この子どもがここまでの授業の流れを理解していないことの表れである。これこそ学力差である。しかも，「突拍子もないことをいうのはこの子どもだけ」と決めつけているが，話の流れを理解できていない子どもは他にも多数いるかもしれない。そうだとしたら，ここまでの授業の流れをもう一度全員で確認すべきである。しかし，そのようなことはせず，適当にその子どもの意見を受け流し，仕切り直しをするように，ねらいを達成するのに都合のよい意見を聞いたのである。私はまた学力差から逃げた。

〈まとめ場面〉
　話し合いの内容が一般化に向かう段階。話の内容が高度になり，話し合いに参加できない子どもが多い中，仲間からも“頭がいい”と思われている，いつもきまった算数が得意な数名の子どもが頑張って意見をし，それをまとめとして終了。

　話し合いに参加できなかった子どもから，「きっと今日も最後は，○○君たちの意見で終わるんだろうな」という，主体的でない心の声が聞こえてきそうではある。それにもかかわらず，できる子の声で授業をまとめる。やはり学力差から逃げた。

■今こそ子どもたちの学力差に向き合い，どう対応するかが問われている

　子どもに学力差があるのは当然である。しかし，手立ての無い課題で，その学力差を顕著にしてしまっているのは教師なのである。学力差から目をそむけ，正解至上主義になっているのも教師なのである。本時のめあてを達成するために，教える側の都合で授業を進めているのも教師なのである。そう，教師が学力差に向き合えていないのである。

　本書で述べさせていただいた私の３本の実践は，そんな学力差を直視し，学級全員で授業をつくっていくために考案したものである。

　３本の実践が，お読みになった先生方の毎日の授業を，学力差に関わらず学級全員が生きる算数授業とすることのお役に少しでも立てば幸いである。

4年　図形

面積

1 ねらい

学習指導要領では算数科における領域が改訂され，4年生における面積の学習は「量と測定」領域から「図形」領域へとその位置づけが変更された。この背景には，「面積」を図形の考察に生かす「構成要素の1つ」として大切にしようとする考えが見て取れる。

つまり，測定は測定，図形は図形と分断するのではなく，これらをもう少し高い観点で統合的に捉え，図形の見方を育んでいくことが重視されたということである。

こうした力を育むには，多角形の面積が「辺の長さ」や「角度」などという図形の構成要素と大きく関わっていることに注目して追究する活動が必要となる。

2 教材，問題・場面設定について

一般的に，多くの子どもが「長方形の周りの長さが等しければ面積は等しい」という誤概念をもっている。実際には，長方形は周りの長さが一定であっても面積は等しくなく，周りの長さ一定のまま正方形に近づくほど面積は大きくなる。このような，自分の感覚で捉えていた概念と実際とがずれていることをミスコンセプションという。このミスコンセプションは，子どもから強い問いを引き出せることから，授業づくりに生かしていくことは大変有効であるとされている。

長方形の周りの長さは4つの辺で構成されており，周りの長さと面積との関係を考えさせていくことは，結果的に「図形の辺と面積の関係」に着目して考える力を育んでいくこととなる。

本時では，単位面積を長方形のかごに入れる「算数玉入れ」という活動を通して，長方形の周りの長さと面積の関係について考えていく場を設定した。

初めに，2つの長方形のかごを2つ提示し，これらの周りの長さが等しいことを確認する。子どもたちの多くは「周りの長さが同じ＝かごの大きさが同じ」と捉えていくだろう。しかし，実際にゲームを進めながら単位面積である■を敷き詰めていくと，入る数が違うことに気づいていくはずである。こうした気づきから子どもたちは，長方形の周りの長さと面積の関係に目を向けていくと考える。また，最終的には他の場合の長方形でも同じことがいえるのかと，発展的に考えていく場も位置づけていきたい。

3 学びを深める問いの連続

算数玉入れをしましょう。どちらの長方形のかごの方に玉がたくさん入るかな。

B（横に長い）の方が入るのではないかな。

周りの長さが同じなら，変わらないよ。

かごに入る玉の数が違うのではないかな？

考え❶
数えてみたら，Ａは25個，Ｂは24個だったよ。

考え❷
１個だけだけど，■の入る個数が違う。

たくさん玉が入るのは，どんな形のときかな？

確かめたら，同じにならないことがわかったよ。

周りの長さが同じとき，正方形にするのが１番大きくなるよ。

なるほど

周りの長さが同じなら，正方形のときに１番大きくなる。

・今まで同じだと思っていたけど，違うんだ。

周りの長さが違う場合でも，同じことがいえるのかな？

4 問いをつくる工夫

?（はてな）を生み出すきっかけ

T：算数玉入れをしましょう。
（玉入れのかごの絵を提示する。）
C：え？　絶対Bのかごの方が得だよ！
C：そうそう。だって，少しだけかごが広い。
T：でも，かごの大きさは同じですよ。

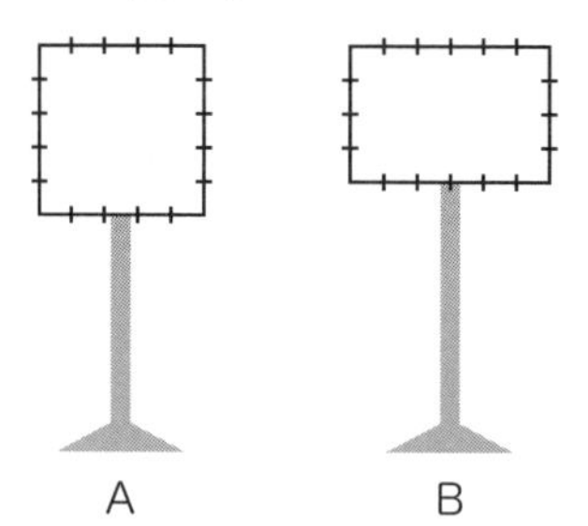

（こう伝えて，かごの周りの目盛りを使って周りの長さが同じであることを確認する。）
C：だけど，Bの方が入りやすいよ。
T：なるほど。実は今回の玉入れは，じゃんけんをして勝った方が玉を1個ずつ自分のかごに入れていくというルールです。勝てば必ず1個入りますよ。
C：だったら，まあいいか。入りやすさは関係ないから，じゃんけんで決まるもんね。
（クラスを2チームに分けて実際に玉入れゲームを行う。ここで初めて玉が■であることを見せる。）

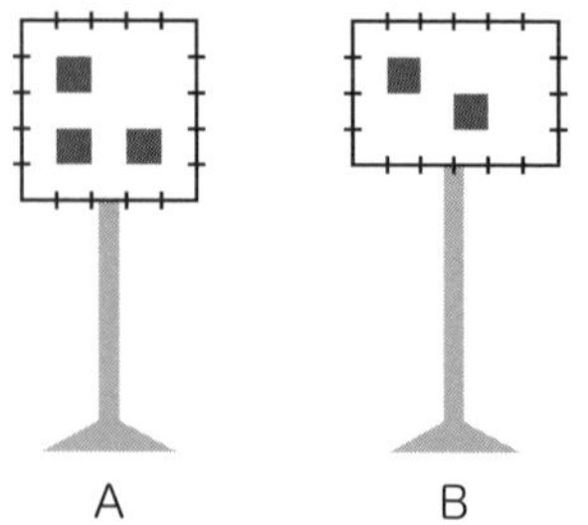

C：あれ？　これってAのかごの方がいっぱい入るんじゃない？
C：そうそう！　Aのかごの方が大きいよ！
T：でも，さっき，かごの大きさが同じだったことは確認したはずですよ？

かごに入る玉の数が違うのではないかな？

かごの目盛りをもとに，周りの長さが同じであることを確認する。

じゃんけんに勝ちさえすれば，必ず1個ずつ玉が入ることを確認する。

かごの中に，初めは敷き詰めずに玉を入れていく。これにより，「ぴったり敷き詰めるほうがたくさん入る」という声を引き出す。

ゲームをとおして玉を敷き詰めていく中で，**全部でいくつ入るかを予想する姿を引き出す**。これにより，「入る数が違うのでは？」という?（はてな）を生む。

❓をつなぐ教師の役割

C：絶対にAの方がいっぱい入るよ！！

T：「絶対にAの方が入る」といっている友達の気持ちがわかりますか？

C：うん。わかる。玉が全部入ったときを考えればはっきりするよ。

C：そうそう。玉が入る数が…１個違う！

C：確かに，かごの周りの長さは同じだったけど，玉が入る数は違うよ。

T：周りの長さが同じ長方形なのに，玉の入る数は違うのですか？

❓ たくさん玉が入るのは，どんな形のときかな？

C：玉を全て入れなくても，かごの中にマス目を書けばわかるよ。（発言した子どもにマス目を書き入れてもらう。）

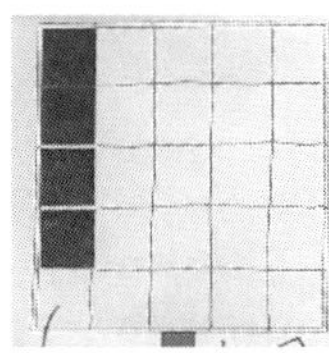

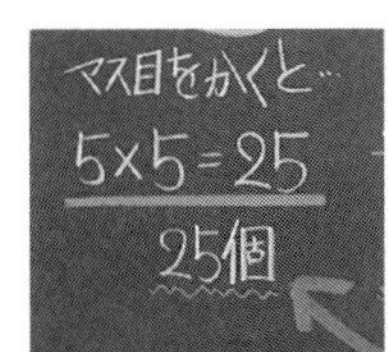

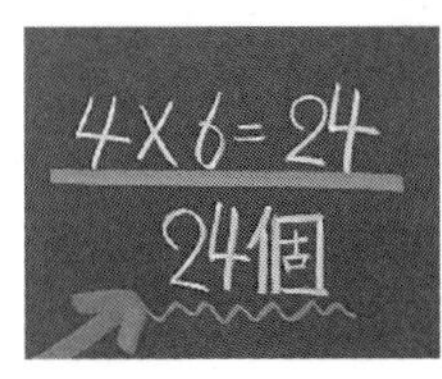

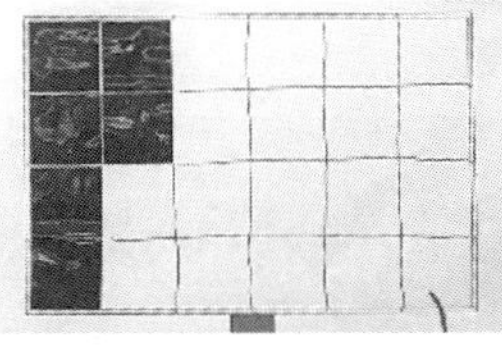

C：かけ算を使えば簡単にわかるよ。

C：５×５＝25，４×６＝24，ほら，Aは玉が25個入るけれど，Bは24個しか入らない。

C：１個分だけAのかごの方がお得だよ。

C：玉が入るかどうかはじゃんけんの運だけど，そもそも入る数が違うのは，不公平だと思う。

T：本当ですね。どちらの長方形も周りの長さは同じだったのに玉の入る数は違うのですね。

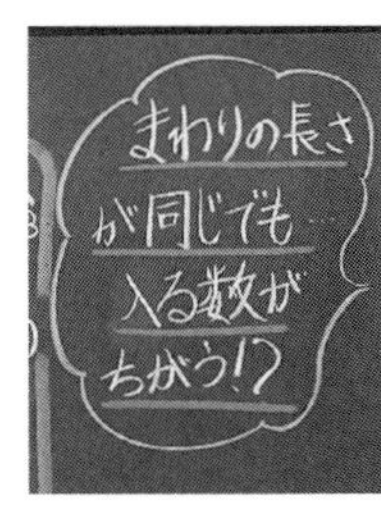

かごの中にマス目をかき入れ，入る数が違うことを確認する。その際，**あえて１個ずつ数えていくことで，「かけ算で簡単に求められる」という考え方を引き出す。**

２つの長方形の周りの長さは等しいが，入る玉の数は違うことを再度確認し，玉がたくさん入るのはどんな形のときか，関心をもたせる。

!から!?へ

C：長方形の周りの長さだけで大きさを考えたらだめなんだ。

C：周りの長さが同じでも，■の入る個数は同じにならないってことだね。

T：それでは，改めてゲームをやり直しましょう。次は，かごの形を自分たちで決めてもらいます。ただし，次の２つの約束は守ってください。

① かごの形は長方形（正方形を含む）。

② 周りの長さは20目盛り分。

（自分が考える，周りの長さ20目盛り分の長方形をノートに書かせる。）

かごの形を自由に設定できる場をつくることで，「５×５よりも大きな長方形をつくりたい！」という思いを引き出す。

C：25個より多く入る長方形をつくりたいな。

C：なかなか25個より多くならない…。

C：これって，結局，１辺が５目盛りのときが１番大きいんじゃないかな。

C：そうそう。どうやっても，中に入る個数が25個より多くはならないよ。

C：正方形のときが１番大きくなるんじゃない？

なるほど！ **周りの長さが同じなら，正方形のときに１番大きくなる。**

T：周りの長さが同じときはいつでも，中に入る■の個数が１番多くなるのは正方形だということですか？

C：そう。でも，まだ周りの長さが20目盛りの場合しかわからないけど。

C：いや，多分そうだよ。
私は，ためしに周りの長さが24目盛りのときで考えてみたんだけど…。

T：では，周りの長さが別の場合も確かめてみましょう。

他の場合に目を向ける子どもの発言を引き出す。「どんな長方形でもそれがいえるのか」を問い，周りの長さが別の場合の長方形でも確かめる活動へとつなげていく。

だったら

周りの長さが違う場合でも，同じことがいえるのかな？

完成板書

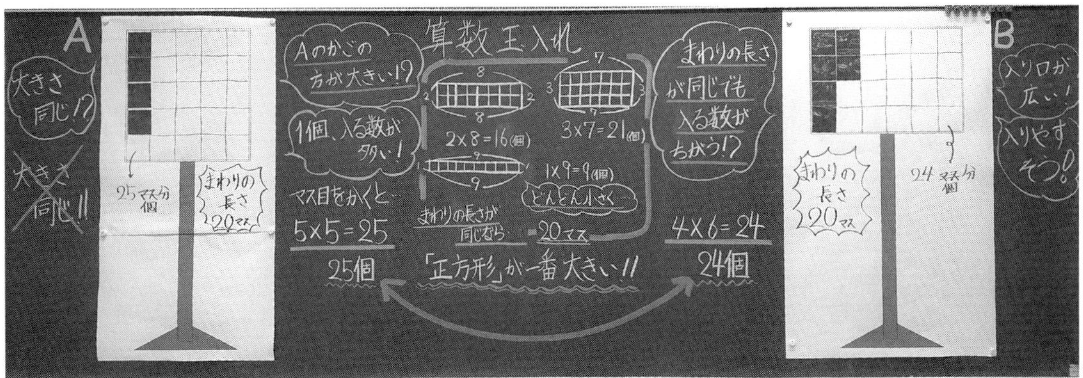

5 授業を振り返って

本時は，長方形の周りの長さと面積の関係における誤概念を修正し，新たな概念として構築していく場面である。口頭で伝達すれば「長方形は，周りの長さが等しくても面積は等しくならないよ。」と伝えるだけで済む。しかし，これでは長方形の周りの長さと面積の関係は十分に見えてこない。よって，その概念の形成も不十分となってしまう。

本実践では，子どもたちがもっている誤概念に寄り添いながら授業を展開することができた。長方形の周りの長さと面積の関係に目を向けて追究した活動が，構成要素の関係に着目して考えるような見方・考え方を育んだり，問いを強く引き出し，主体的な学びを実現したりすることにつながっていったと考えている。

また，本時の後半では，「本当にどんな長方形でもそうなのだろうか？」と，他の長方形の場合にまで思考の対象を拡げ，発展的に考える場も生むことができた。こうした，１つの場合だけでなく複数の場合を確かめてみようとする姿は，しっかりと価値づけしていきたい。

ちなみに，長方形の面積は，右図のように１辺を壁にして残り３辺の長さを一定にして面積との関係を考えていくと，正方形の場合が最大の面積にはならない。このような学習も，子どもの実態に合わせて発展的に扱っていくのも面白い。

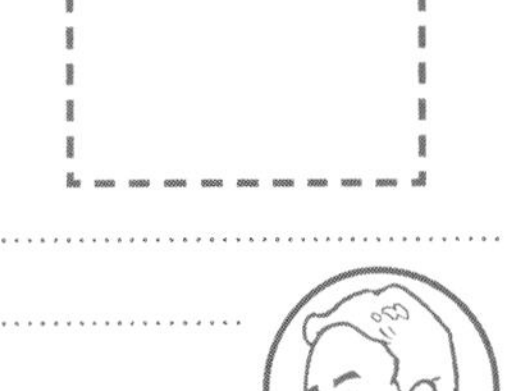

4年　変化と関係

簡単な場合の割合

1 ねらい

ある2つの数量の関係と別の2つの数量の関係との比べ方を考察し，割合を用いる場合があることを知ることがねらいになる。

そのねらいについて，資質・能力という観点から具体的に述べると，全ての子どもたちが，差による比較と倍による比較の方法について式で表現するなどして説明することができること。そして，本時に扱う問題場面では，なぜ倍による比較の方がよいかを説明することができることをねらいとする。

2 教材，問題・場面設定について

次のような場面を子どもに伝えた。

「ある年は天候不順で農作物が不作であったため，八百屋さんは値上げを決めました。すべての品物を同じように値上げしようと思います。」

ここまで板書して，八百屋さんで売っている品物のいくつか（メロン，ピーマン，ジャガイモ，キュウリ，トマト，ミニトマト）を黒板に提示した。そして，その中のトマトとミニトマトを取り上げて，次のように問題を出した。

「まずはこの2つの野菜で考えてみるよ。トマトは100円を200円にしました。ミニトマトは50円をいくらにしたらいいかな。」

この場面設定のポイントは，2つある。

1つは，直接二量の関係どうしの考察問題にしていない点である。本授業では，1組の二量を示し，その二量の関係と同じ関係の二量を作るという問題にした。理由は，1組の二量の関係だけを集中的に見て考察できることと，二量の関係どうしを考察する場合，「違い」を捉えるより，「同じ」を捉える（作る）方が簡単といわれているからである。

もう1つは，八百屋さんの品物をトマトとミニトマト以外にも掲示しておいた点である。ミニトマトの値段の議論の際，子どもの方から「もしもピーマンが○○円だったら…」と掲示してあるものを使って，仮定して理由・根拠を述べる可能性がある。

目に見えるところに掲示しておくのは，そのためである。もちろん，子どもが発想しなければ，教師の方からそれらを使って提案することも想定しておく。

3 学びを深める問いの連続

ミニトマトはいくらにすればいいかな。

ミニトマトの値段は，
２通り考えられるよ。

ミニトマトの値段の決め方は，
２通り考えられるのではないかな？

考え❶

100円。トマトが２倍になっているから。
50×２＝100

考え❷

150円。トマトが100円増えているから。
50＋100＝150

ミニトマトは100円と150円の
どちらがいいのかな？

メロンを仮に1,000円とする。２倍だと2,000円。＋100円だと1,100円。1,100円だとほとんど変わらない感じ。だから２倍の2,000円。
ミニトマトは，２倍の100円に。

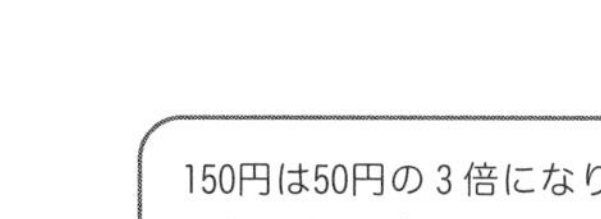

150円は50円の３倍になります。
３倍は高すぎるから100円がいいと思います。

倍の考えで，ミニトマトは
100円とした方がいい。

- でも，2,000円のメロンは高すぎるから…。
  本当に２倍の考えでいいのかな。

ミニトマトより値段が安いキュウリでも，
同じように考えられるかな？

4 問いをつくる工夫

?（はてな）を生み出すきっかけ

T：天候不順で農作物が不作であったため，八百屋さんは値上げを決めました。すべての品物を同じように値上げしようと思います。

T：まずはこの２つの野菜で考えてみるよ。
トマトは100円を200円にします。
ミニトマトは50円をいくらにしたらいいかな。

C：これなら，２通り考えられるんじゃない？

T：今，○○さんが２通り考えられるといったけど，どんな値段が考えられるのかな。

C：この値段が正しいと思っても，別の値段も考えてみますか。

T：そうですね。他の値段を考えた友達がいるよ。
どんな値段を考えたか想像してみようか。

T：それでは，ノートに値段とその理由も書いてみよう。

C：(ノートに記述する。)

T：２通り考えることができましたか。発表する前に，自分の考えを隣の人に説明してみよう。

C：(全員が説明し合う。)

T：それでは，発表してみましょう。

C：150円です。なぜなら，トマトが100円→200円と，＋100円だから，ミニトマトも50＋100＝150，150円。

C：100円です。なぜなら，トマトが100円→200円と２倍になったから，ミニトマトも50×２＝100，100円。

C：200円です。なぜなら，トマトが200円だから，ミニトマトも同じ値段の200円。

ミニトマトの値段の決め方は，２通り考えられるのではないかな？

差と倍の両方の考えを見いだしやすいように，きりのよい数値（トマト100円→200円）にする。これにより，子どもの答えにずれが生まれ，問いが発生しやすくなる。

「２通り考えられる」という発言（問い）に問い返すことによって，全員に「?（はてな）」を共有させる。

一人一人の児童が**二量の差と倍の両方の見方を理解できるようにする**。これにより,「どちらがよいのか」という，その後の問いの追究が活発になる。

をつなぐ教師の役割

C：どの値段がいいのかな？

T：どの値段がいいのか，意見がありますか。

C：まず200円はありえない。だって，メロンの元の値段が200円より高いとして，それを200円にしたら値下げになっちゃうよ。

T：今の意見に納得する人？

C：はーい。（全員挙手をする。）

T：こちらに貼ってあるメロンを使ったね。そうやって「もしも…だったら」と考えるのはいい方法だね。

T：それでは，100円か150円だね。

C：150円は高すぎると思います。150÷50＝3，元の値段の3倍だからです。

T：なるほど。〇〇さんがいったことを隣どうしで確認してみよう。

多様な考えを収束させるような議論ができるように，それぞれの考えをよく理解する段階を丁寧に扱っておく。

あらかじめいろいろな値段の品物を提示しておき，それを例にして考えを説明する子どもがいれば褒めておく。これが，次の問いを生み出すためのしかけになる。

ミニトマトは100円と150円のどちらがいいのかな？

C：（話し合う。）

C：でも，元の値段はトマトが100円，ミニトマトが50円で50円違いです。値上げした値段はトマトが200円，ミニトマトが150円としたら，やっぱり違いは50円で同じだから，ミニトマトは150円でいいと思います。

T：今の考えはわかったかな。これも隣の人と確認してみて。

C：（話し合う。）

C：他にもあります。もし，メロンが1,000円だとするよ。差の考えだと1,000円が1,100円になる。倍の考えだと1,000円が2,000円になる。だから…

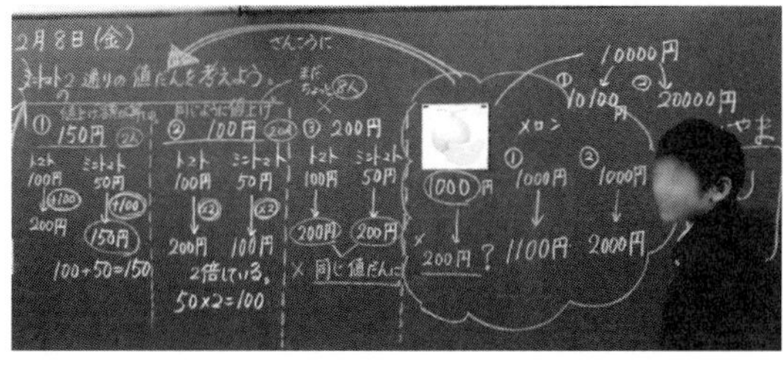

T：「だから」の次に何というと思いますか。

C：1,100円だとあまり値上げできていないから，2,000円になるでしょ。ということはみんな2倍にするのがいいってこと。だからミニトマトも100円にします。

C：なるほど。そうだよね。やっぱり2倍がいいよ。

つづきを他の子どもに説明させることで，学級全体で「(!)（なるほど）」を共有できるようにする。

なるほど！から だったら！？へ

C：でも，メロンが2,000円は高すぎるでしょ。1,100円でいいんじゃないかな。だからミニトマトも150円。

C：もしもメロンが１個10,000円だったら，２倍にすると20,000円だよ。誰も買わないよ。

C：えー，どっちがいいのかな？

C：だったら，安いキュウリでも考えてみようよ。

T：どうして○○さんは，キュウリでも考えてみようと思ったの？

C：メロンは元の値段がとても高いけれど，キュウリは元の値段がトマトより安いでしょ。安い方でも調べてみようと考えたのだと思います。

C：キュウリが30円だとすると…。

T：いいアイディアだね。それでは安い方でも考えてみよう。キュウリの元の値段が30円だったらどうなるか，みんな計算してみよう。

C：あっ，これはあり得ない。＋100だと130円になるでしょ。２倍だと60円。130円だと元の値段の４倍より高いから高すぎるよ。

C：やっぱり全ての品物を２倍にすると平等に値段をあげることができると思います。

ミニトマトよりも値段が高いメロンと，値段の安いキュウリの両方で確かめられるようにする。いずれにしても**極端な場合で調べてみることが大事であることをおさえる。**

なるほど！　**倍の考えで，ミニトマトは100円とした方がいい。**

T：どうして２倍にした方がよいと思ったか，キュウリの例を出して隣の友達に説明してみよう。

C：（説明する。）

T：この授業では，ミニトマトの値段を決めるためにどう考えたことがよかったですか。

C：倍の考えを使って，すべての品物を２倍の値段にすればいいことがわかりました。

T：その２倍の関係のことを「割合」といいます。
途中，＋100にするか，×２にするか迷いましたね。
そのときにどう考えたのがよかったですか。

C：メロンとかキュウリとか他の値段の例で考えたら＋100は無理があるとわかりました。

だったら

ミニトマトより値段が安いキュウリでも，同じように考えられるかな？

完成板書

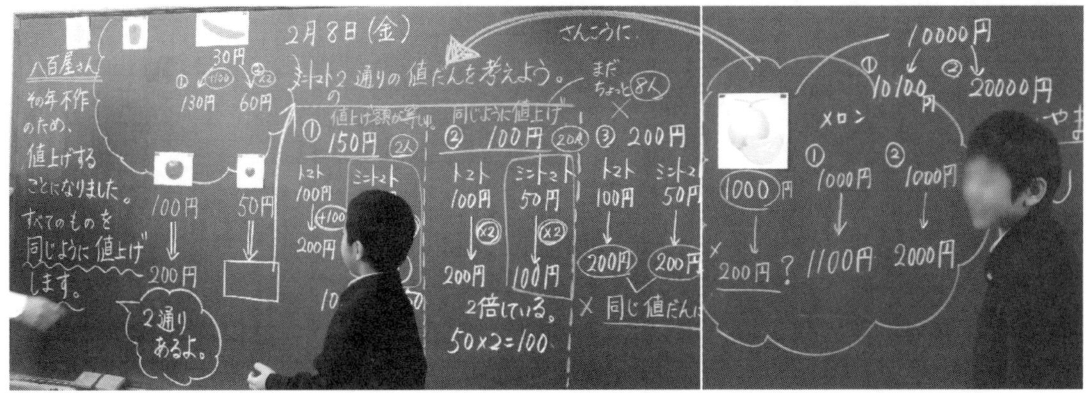

5 授業を振り返って

「同じように値上げする」という曖昧な条件によって，意図的に子どもたちから問いが生まれるようにした。具体的には，差による見方と倍による見方のずれのことである。

そして，どちらがよいかを議論するためには，両方の見方を理解しておくことが大切だと考え，「解釈の活動」を取り入れた。解釈の活動とは，次のようなものである。

- 問題の構造，数や図形の概念，解決方法，友達の考えなどを，自分の視点で，理解したり説明したりすること。（個人の理解の仕方を重視，自分の言葉による再現，理解の共有）
- ある表現に対して，同じ意味の別の表現を考えること。（思考，応用，創造）

上記の定義は，盛山が『問題解決の算数授業』東洋館出版社（2015）の中で発表したものである。

子どもたちは，極端な例をあげることで，倍による見方の方が妥当であることを考えた。割合の見方の妥当性を，数学的な見方・考え方を働かせて説明したのである。もしも子どもからそのような発想が出ない場合は，教師から「他の品物でも考えてみようか」と投げかけて極端な場合で考える経験をさせることが大切である。

盛山隆雄

授業で大切にすること
子どもが自由に考えることができる算数授業を

筑波大学附属小学校　盛山　隆雄

数年前，現日本サッカー協会会長の田嶋幸三氏の言葉が心に残った。田嶋氏は，筑波大学助教授などを経て，U－17等の日本代表監督を務めた人物である。

田嶋氏は，日本の若者を見て，２つのことを問題として指摘した。

１つ目は,「間違いを恐れて答えを探ろうとする」子どもの姿である。U－17の監督時代，中・高校生の選手たちに接したときに感じたそうである。まず，彼らは，こちらが何か言ったときの反応が鈍い。わかっているのか，いないのかわからない。プレーを止め，介入して指導するゲームフリーズという指導法をとることがあるが，その際には，日本の子どもたちは，監督の答えを探ろうとする。「どうしてそこにボールを出したの？」と尋ねる。「自分はこう考えたから，そこに出しました。」という答えを期待しているが，彼らは，私の顔をじっと見て一生懸命に答えが何かを探っている。

田嶋氏は，この様子を見て，学校教育を含めて普段の生活習慣で，１つの正解を出さなくてはならない，間違ったことを言ってはならない，という恐れから答えを出せずにいるのではないか，と指摘している。

２つ目は，日本の子どもたち，そして指導者の論理的思考力の不足である。日本の子どものプレーには，意味のないプレーが多いと言う。自分のところに来たボールを意味もなく蹴ってしまう。例えばドイツの子どもは失敗も多いけれど，自分なりに「ここを狙った」という意図のあるプレーが多い。あとからプレーの理由を聞くと，失敗したことでさえも，「あれは正しい判断だった。」「なぜかと言うと…」と山のように理由が出てくる。何も考えずに１試合に100回ボールを触る子と，考えながら50回ボールを触って失敗と成功を繰り返している子どもでは，間違いなく後者の方がうまくなる。

サッカーでは，子どもたちが自由に自分自身で判断してプレーすることにこそ楽しみがあるのに，その判断を奪う周りの大人のかかわりがある。勝ちにこだわるあまり，「ああしろ」「こうしろ」と全部指示を出すことが多い。子どもたちは自分で判断する余地がなく，それに従い，考えずに言われたとおりにボールを蹴る。これは，子どもたちの判断を奪う「サイドコーチング」と言うそうだ。低学年はこういう形の方がむしろ勝ててしまう傾向にある。しかし，田嶋氏は，将来に向けて，子どもたちに自分の選択，自分の判断に対して，説得力ある理由を言えるようになることが必要だと述べている。

田嶋氏の考えは，今の日本の算数教育の問題点とも重なるように思う。今，いたるところで，学力向上の旗を振りながら，子どもたちに「やらせる授業」が多くなっている。成果を出すことに躍起だ。しかし，表面的な対策は，点数という短期的な成果を生み出すかもしれないが，決して子どもたちの将来に益をなすとは思えない。

算数という学びは，子どもたちの「自由さ」がなければならないと思っている。子どもが先生や友達に遠慮せずに自分の思ったこと，感じたこと，考えたことを自由に述べることができる和気あいあいとした雰囲気が必要なのだ。

正解を出さなければならないとか，先生や親の期待に応えなければならない等の縛りがあまりにも強いと，子どもの思考は縮こまり，伸ばすことができない。やはり，子どもの「自由さ」を基調とした子どもが意欲的で主体的になる算数を目指したい。

イギリスには次のようなことわざがある。

「You can take a horse to the water, but you can’t make him drink.」

これは，「馬は水辺に連れて行くことはできても，水を飲ませることはできない」という意味である。算数の授業も同じで，いくらよい教材を用意して教え込んでも，本人の意欲がない限り，学びが成立することは難しい。

子どもに算数を教えるという立場でいる限り，それはなかなか解決しないと思う。子どもの中に数学の芽がある。子どもの中に教えたい内容がある。このような立場に立った眼差しを子どもに向けてあげることが大切ではないか。授業者は，子どもがもっている感じ方や見え方，考えを引き出し，価値づける役割に徹するのだ。授業者がそのような態度をもったとき，子どもは安心してよく表現するようになる。そして，授業者は子どもの言葉がよく聞こえるようになる。子どもの発する言葉に教えたいことを見いだし，次の授業展開を考えようとする授業者になることができる。

（もちろん，算数の用語など，最低限教えるべきことは的確に教えることが必要である。）

先日，３年生に「700－398を工夫して計算しよう」という問題を出した。すると，素直に考えた子どもは①の案を考えた。たし算の工夫から類推したのだ。しかし，答えが合うようにするには，②のように処理しなければならない。多くの子どもたちは，＋２をして700－400にするのはわかるが，答えに＋２をする理由がわからなかった。

①

```
700 － 398 ＝ 298
 ↓       ↓ ＋2  ↑ －2
700 － 400 ＝ 300
```

②

```
700 － 398 ＝ 302
 ↓       ↓ ＋2  ↑ －2
700 － 400 ＝ 300
```

このとき，ある子どもが次のように話した。「700円持ってお買い物にいったとするよ。398円のものを買うときに，400円払ったらお財布に残っているお金は300円でしょ。でも，おつりが２円返ってくるから＋２なんじゃないかな。」

この説明で全員が「おー」と言って納得した。日常生活の場面に戻して見事に説明したのである。図を使って考えさせようとした私には思いつかない説明であった。

子どもをリスペクトし，子どもの自由な発想に学ぶ姿勢を忘れないようにしたい。

4年　小数倍

3.7倍ってどういう意味？

－全員理解を目指した解釈の活動を通して－

1 ねらい

小数倍の意味を説明することができ，わり算を用いて小数倍を求めることができる。

185㎝は，基準となる50㎝のテープを１とすると3.7に当たる。これが「3.7倍」の意味であることを理解することをねらいとする。そのためには，50㎝のテープを10等分し，0.1に当たる長さ５㎝を用いて，半端な35㎝の部分を測定する活動を行う。35㎝は５㎝の７個分の長さであることから，0.7に当たる長さであることを理解するようにする。

2 教材，問題・場面設定について

「解釈の活動」とは，問題の意味や友達の考えを，自分の言葉で説明する活動のことを言っている。理解の活動ではなく解釈の活動と言っているのは，一人一人の子どもの自分なりの捉え方を大切にして表現させるからである。

問題解決の初期の段階では，思考が深まっておらず整理されていなかったり，感覚的な表現が多かったりする。未熟な表現でも，友達は何がしたいのか，その表現にはどんな意味があるのかをみんなで解釈し，共有したり，洗練したりする。そのような解釈の活動を取り入れることにより，少しずつ理解を深めていくことが重要である。

本授業では，185cmのテープが50cmのテープの何倍かを考える。整数倍を求めるためにわり算を使った既習を活かして，子どもたちはこの問題場面でも185÷50と立式し，3.7という商を見いだすだろう。このときに，3.7倍とはどんな意味なのかをみんなで考える時間を作る。この商を解釈する活動を行うことで，小数倍の意味理解を深めることをねらう。

3 学びを深める問いの連続

黄色のテープの長さは，白色のテープの長さの何倍かな？（黄色100cm，白色50cm）

2倍だと思います。
（白色のテープを当てて調べる。）

これは白色のテープの何倍かな？（別の黄色テープを提示する。後から長さを示す。黄色185cm）

長さを教えてください！

185÷50＝3.7　3.7倍です。

3.7倍ってどういう意味？
図を使って考えてみよう。

考え❶

3.5倍ならわかるよ。

考え❷

白色のテープが3本分と半分の長さが3.5倍です。

どうして半分を表す数が0.5なのかな？

白色のテープの長さを1として
10等分したときの0.5にあたる
長さだからです。

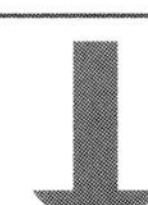

それなら3.7倍もわかったよ！

4 問いをつくる工夫

？(はてな)を生み出すきっかけ

T：黄色のテープは，白のテープの何倍の長さでしょうか。
（2本のテープを提示する。長さは示さない。）
C：見た目で2倍ぐらいだと思います。
T：はっきりわかるにはどうすればいい？
C：白のテープの何本分か，黄色のテープにあてて調べればわかります。（実際にやって確認する。）
C：長さがわかれば計算でもわかるよ。
T：なるほど。黄色のテープは100cm，白のテープは50cmです。
C：それなら，100÷50＝2　2倍です。
T：わり算を使えば，計算で何倍かがわかりますね。
　では，この黄色のテープは，何倍でしょうか。
（185cmの黄色のテープを提示する。）
C：3倍か4倍ぐらいかな。
C：長さがわかれば，何倍かわかります。
T：黄色のテープは185cmです。
C：185÷50＝3.7　だから，3.7倍です。
C：3.7倍ってどういう意味？
T：では，図で説明してみようか。
C：（各自，ノートに図を書き始める）
C：3.5倍ならわかるのに…。
T：では，3.5倍の意味をまず説明してみようか。
C：3.5倍の意味は白色のテープが3本と半分だと思います。
　（白色のテープを動かしながら説明➡板書）
　だから，3.7は，もう少し長いってことです。

> まずは既習の整数倍を求める問題から始め，何倍かについて，測定の操作で確認する方法と，わり算を用いて導く方法を確認しておく。

> 計算で「3.7倍」を先に見いださせることがポイントである。
> 3.7倍という数値を見れば，子どもから自然に問いが生まれやすい。
> 答えが出て終わりにせず，その答えの意味を振り返って考える展開にする。

> 2倍のときの説明をヒントに3.7倍の意味の説明の仕方を考えさせる。
> 操作をして白色のテープが何本分とどのぐらいかという見方をさせる。

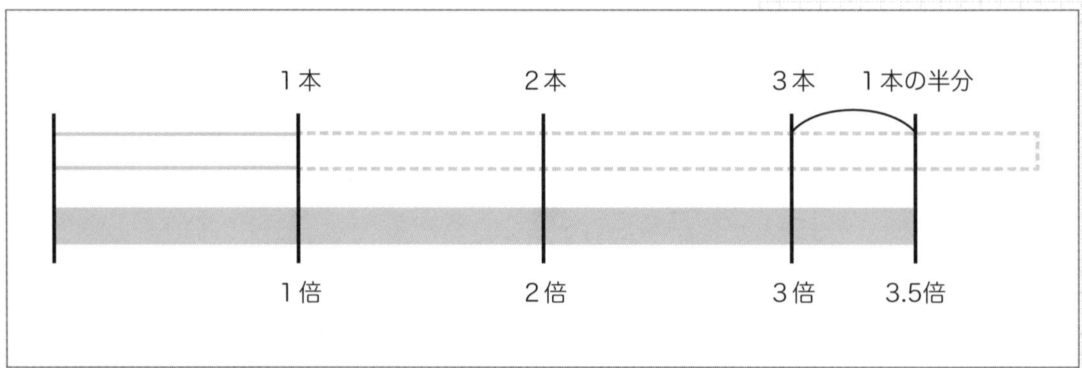

??から!(なるほど)につなぐ教師の役割

T：半分をどうして「５」という数で表すのかな。
　　隣の友達と話し合ってみよう。

C：(相談をする。ノートに図を書く子どももいる。)

T：では，発表してみましょう。

C：余っている部分の長さが，白色のテープを１として，0.5の長さにあたるってことだと思います。

C：白色のテープを10等分したうちの５つ分の長さということです。

C：(下図のように図に表す。)

本実践では「3.5倍ならわかるのに…」という子どもの呟きを取り上げて授業を展開している。もしそういった反応がない場合には，「3.何倍なら説明しやすい？」といった問いかけをしてみるのも１つの手である。

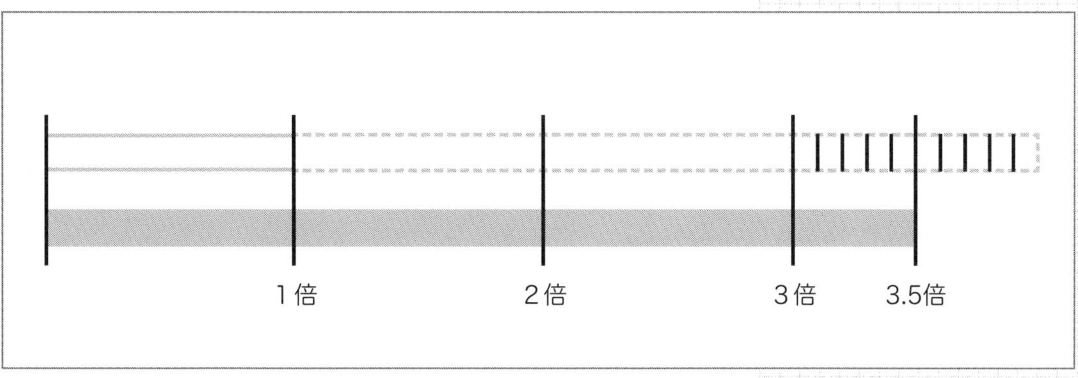

C：わかった！　3.7倍もこれで説明できます。

T：○○さんの言っていることは，どういうことかな？

C：3.5倍と同じように，3.7倍も説明できるということだと思います。

C：黒板に書いてある図を使って，すぐに説明できると思います。

T：では，まず自分のノートに説明を書いてみましょう。

C：(ノートに説明を記述する。)

T：隣の友達にノートの図を使って説明してみましょう。

C：(友達と3.7倍の意味を説明し合う。)

T：それでは，3.7倍の意味を発表してみましょう。

C：黄色のテープは，白色のテープが３本分と10等分したうちの７つ分の長さということです。

C：１本分を７等分したので，0.7倍ということです。３倍と0.7倍で3.7倍になります。

3.5倍の意味がしっかりわかれば，3.7倍の意味も自然に見えてくる。
子どもの思考に寄り添いながら自然にスモールステップの授業展開を作りだすようにする。

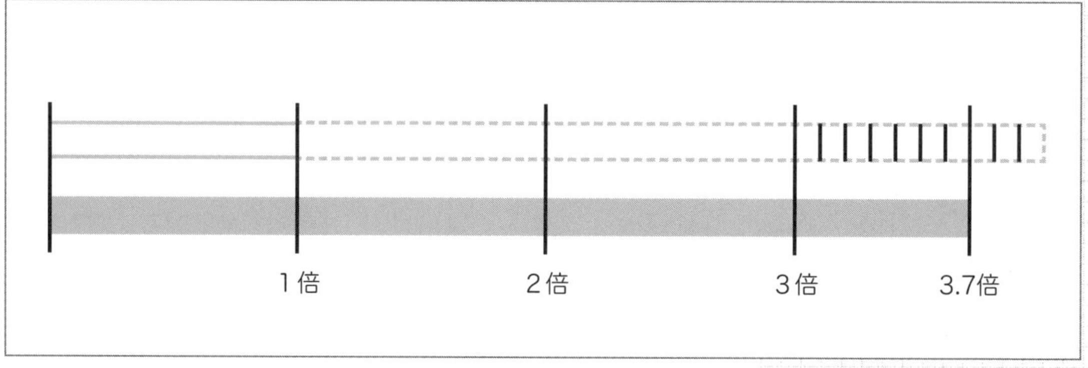

T：3.7倍の意味がよくわかりましたね。
もし，もう1本黄色のテープがあるとしたら，どんな長さのテープだと思いますか。

C：もっと長いのだ！

C：100mとか？

T：実はこれなんです。

(0.8mの黄色いテープを見せる。)

C：えっ，短い！

C：1倍より短いよ。

T：次の時間は，この黄色のテープの長さが白のテープの長さの何倍かを考えよう。

本時では，子どもに3本目として提示する黄色のテープの長さを想像させる。そのようにして，問題を見いだす態度を子どもに少しずつ身に着けさせようとしている。
その上で，0.8mのテープを見せて，次時の課題に興味関心をもたせるようにする。

完成板書

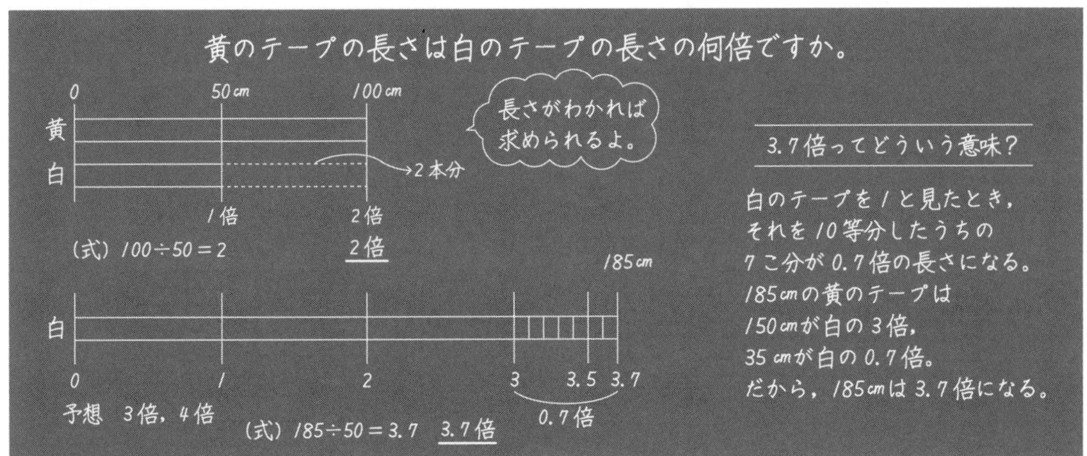

黄のテープの長さは白のテープの長さの何倍ですか。
0
50cm
100cm
黄
白
長さがわかれば
求められるよ。
2本分
1倍
2倍
(式) 100÷50＝2
2倍
3.7倍ってどういう意味？
白のテープを1と見たとき，
それを10等分したうちの
7こ分が0.7倍の長さになる。
185cmの黄のテープは
150cmが白の3倍，
35cmが白の0.7倍。
だから，185cmは3.7倍になる。
185cm
白
0
1
2
3
3.5
3.7
0.7倍
予想 3倍，4倍
(式) 185÷50＝3.7 3.7倍

5 授業を振り返って

子どもは，整数倍を求めるためにわり算を使うことや，整数倍の意味は既習として知っている。整数倍の意味は，基準となる量を単位として比べる量を測定することである。2つ分なら2倍，3つ分なら3倍という意味になることを子どもたちは操作や図をもとに理解していた。そういった知識をもつ子どもたちに小数倍で表す問題場面と出合わせた。さて，子どもたちはどのように立ち向かうことができるだろうか。

子どもは「整数÷整数＝小数」の計算を筆算でできるようになっている。だから，意味がよくわからなくても計算して2.5倍とか3.2倍と表すことはできる。しかし，計算はできてもその小数倍の意味は理解できていない。

そこで，解釈の活動を取り入れるようにした。計算上出てくる3.7倍という数値の意味を解釈する場面を作ったのである。

本時は「黄色のテープは，白色のテープの3倍と半分の長さ」という3.5倍についての考えが先に登場したので，その意味をみんなで解釈するところから始めることができた。

「半分」という言葉と3.5倍の「5」をどのように結びつけるかがポイントになる。単位の長さの半分を0.5として捉えるには，単位の長さを10等分したうちの5つ分と見る見方が必要になる。半分を表わすのに，どうして5という数が出てくるかを問えば，子どもからその見方が出てくるだろう。

3.5倍の意味を理解することで，3.7倍の意味も捉えることができた。「黄色のテープは，白色のテープの3倍と半分の長さ」という言葉を解釈する活動は，小数倍の意味をとらえるためにとても大切な活動となったのである。解釈の活動を通して，整数倍の意味しかわからなかった子どもたちが，小数倍の意味理解を進め，自ら説明できるところまで変容した。

盛山隆雄

4年　データの活用

整理の仕方

1 ねらい

本単元は，学習指導要領において新設された領域「データの活用」に位置づく。３年生では，身の周りにある事象について「観点」を定めてデータを表に分類整理することを学んできている。４年生では，こうした学びを基に，「２つの観点」から表に整理することを新たに学んでいく。「２つの観点から整理する表」を２次元表という。

２次元表自体はふだんの生活で目にする機会が多くあるため，子どもたちにとっては身近ではあるが，その「有用性」や「必要性」が十分に見えているわけではない。

２つの観点から物事を分類整理するという数学的な見方・考え方が育まれることによって，論理的に起こり得る場合を調べたり，落ちや重なりがないように考えたりすることもできるようになる。

2 教材，問題・場面設定について

４年生の子どもは，日常生活だけではなく，社会科や総合的な学習の時間などで２次元表を読み取る経験をしてきている。一方で，自分で収集したアンケート結果を表に整理しようとするときには，ほとんどの子どもが１次元表を使う。それは，２次元表を日常的に目にしながらも，どのような場面で使うと有用なのか，または，使う必要があるのかを考えた経験がほとんどないからである。

そこで本実践では，ある集団の食べ物の好みについてアンケートを扱い，それを整理する過程を通して，２次元表を使うことのよさや必要性を実感できる場を生み出せるような教材化を試みた。

チョコバナナ好き	バナナアイス好き	チョコアイス好き
3匹	4匹	6匹

はじめに，９匹の動物に関する，右表のようなアンケート結果を音声で提示する。このとき，例えば「アイス好き」の数を集計すると（４＋６＝10）となり，アンケートを取った母集団（９匹）よりもその数が大きくなってしまうように教材を仕組んでおいた。これは，「バナナアイス」「チョコアイス」ともに「好き」と答えている動物が重複しているためである。この教材のしかけをもとに，子どもたちに（?）（はてな）を生んでいく。そして，このアンケート結果を整理していく場を通して２次元表への必要感を引き出し，その有用性を実感できるようにしていくのである。

3 学びを深める問いの連続

○○好きは何匹いるでしょう？

バナナ好きは，合わせて7匹だね。

アイス好きは…10匹!?

9匹しか動物がいないはずなのに，アイス好きがどうして10匹もいるのかな？

考え❶
数えまちがいはしていないよ。

考え❷
もしかしたら，バナナアイスもチョコアイスも好きな動物がいるんじゃないかな。

バナナ味のアイスもチョコ味のアイスも，どちらも好きな動物は何匹いるのかな？

どちらも好きな動物が2匹いたよ。

アイスが好きじゃない動物は
1匹だ。

重なりがある場合も表にすることができるんだ。

- チョコ好きも重なりがありそうだよ。

チョコ好きも表にできないかな？

4 問いをつくる工夫

?(はてな)を生み出すきっかけ

T：（9匹の動物を黒板に貼る。）
C：かわいい！　全部で9匹いるね。
T：（「○○好きは何匹いるでしょう。」と板書する。）
C：それは聞いてみないとわからないよ。
T：それでは，動物さんにインタビューをしてみますよ。
T：チョコバナナが好きな動物さんはいますか？
（動物の鳴き声が聞こえるようにして提示する。）
C：あ！　わかった。3匹だ。犬と象と豚の声が聞こえたよ。
T：では，バナナアイスが好きな動物さんはいますか？
C：（音声を聞いた後）簡単簡単。4匹だ！
T：最後に，チョコアイスが好きな動物さんはいますか？
C：（音声を聞いた後）今度は少し多かったよ。6匹だった。
T：甘いものが大好きな動物たちですね。それでは，バナナ味好きの動物は何匹だったでしょうか？
C：えっと…，バナナ味好きだから「チョコバナナ」と「バナナアイス」が好きな動物を合わせて…7匹！
C：ということは，バナナ味好きじゃないのは2匹だけだ！
T：なるほど。9匹中7匹がバナナ好きで，2匹だけ好きではないのですね。（下のように表に整理する。）

音声でデータを提示する。これにより，必要な情報を漏らさず自分で記録しようとする必要感を生む。音声で提示できない場合は，動物のイラストを連続提示していく方法などが考えられる。

うまく集計できていない子どもが多ければ，再度音声を聞かせてもよい。

〈バナナの好き嫌い〉

	好き	嫌い
匹数	7匹	2匹

T：それでは，アイス好きの動物は何匹ですか？
C：「バナナアイス」と「チョコアイス」好きを合わせて…10匹です。
C：4＋6だね。
C：あれ？　でも動物って9匹しかいないはずじゃない？
C：本当だ!!　なんかおかしい!!

アイス好きの合計数が，動物全体の数よりも多くなるように設定しておくことで，?(はてな)を引き出す。

9匹しか動物がいないはずなのに，アイス好きがどうして10匹もいるのかな？

？？をつなぐ教師の役割

C：動物は合計９匹しかいないんだから，10匹になるのはおかしいと思うよ。

T：確かに，なんだかおかしいですね。でも，確かに「バナナアイス」好きは４匹で，「チョコアイス」好きが６匹だったのですよね？

（そういって，下のように表に書く。）

〈アイスの好き嫌い〉

	好き	嫌い	合計
匹数	10匹	？？	９匹

おかしいよ！

C：数えまちがいはないんじゃないかな。

C：でも，もう１回聞きまちがいがないか確認したいです。

T：わかりました。では，もう一度聞いてみますよ。

（再度，音声を流す。）

C：わかった!!　同じ動物がいるんだ！

C：そうそう。同じ動物がどっちにもいて重なってるよ！

T：どういうことですか？　確かに，４匹と６匹が返事をしていたと思いますが…。

C：「バナナアイス」にも「チョコアイス」にも返事をしている動物がいたってことだよ。

C：「バナナ味のアイスが好きな動物」と，「チョコ味のアイスが好きな動物」と，「両方の味のアイスが好きな動物」がいる。

再度音声を確認することで，数えまちがいではないことを明確にする。

発言を問い返すことで，重複する動物がいることを明らかにしていく。そして，９匹の動物が，どういった観点でいくつのグループに整理されるのかを考えさせていく。

？？ バナナ味のアイスもチョコ味のアイスも，どちらも好きな動物は何匹いるのかな？

〈アイスの好き嫌い〉

	好き	嫌い	合計
匹数	10匹	？？	９匹

３つに分かれる？

T：それでは，９匹の動物はその３つのグループ（バナナアイス，チョコアイス，両方好き）に分かれるということですか？

C：いや，アイスが好きではない動物もいるから，４つのグループだと思う。

！（なるほど）から！？（だったら）へ

T：それでは，もう一度インタビューを聞いて，整理してみましょう。（再度音声を聞かせ，整理する時間を取る。）

C：何の動物が返事しているか，よく聞いておかなきゃね。

C：わかった！　にわとりと馬が２回ずつ返事をしていたよ。

> 見いだした観点をもとに，改めて集計する場を設定する。

C：犬はアイス好きのところでは１度も返事をしていなかったよ！

C：バナナアイスは，ライオン，カエル，にわとり，馬，チョコアイスは，にわとり，馬，猫，象，牛，豚だったよ。

C：ということは…こうなるね。
バナナ味のアイスだけ好き…２匹
チョコ味のアイスだけ好き…４匹
両方の味のアイスが好き…２匹
アイスが好きではない…１匹

> 表に整理しようとする子どもの反応をもとに，集計した数を確認したうえで，どんな表に整理するとよいかを考える場を設定する。

C：ちゃんと，合計で９匹だよ。つじつまが合う！

C：でも，うまく表にできなかったんだよなあ。

T：表に整理しようとしたんですね。難しそうですが，他のみなさんもチャレンジしてみましょう。

（表に整理する時間を取る。）

C：（１次元表で無理やり表そうとして）やっぱりうまくできなかったよ。

C：こういう枠にすればいいんじゃないかな。

> うまく表にできなくても，その**子どもの困っている部分を大切に取り上げ**，それをもとに学級全体で表に整理していく。

重なりがある場合も表にすることができるんだ。

〈アイスの好き嫌い〉

	バナナ味好き	バナナ味嫌い
チョコ味好き	２匹	４匹
チョコ味嫌い	２匹	１匹

T：確かに，このようにすれば，バナナ味もチョコ味も両方好きだった動物の数も表せますね。

C：チョコ好きの動物も重なりがあるよ。でも，この表を使えばまとめられそう！

> **同じ考え方を生かして**，「チョコ好き」について分類整理する場を設定する。

！？（だったら）チョコ好きも表にできないかな？

T：それでは，チョコ好きの動物も表に整理してみましょう。

完成板書

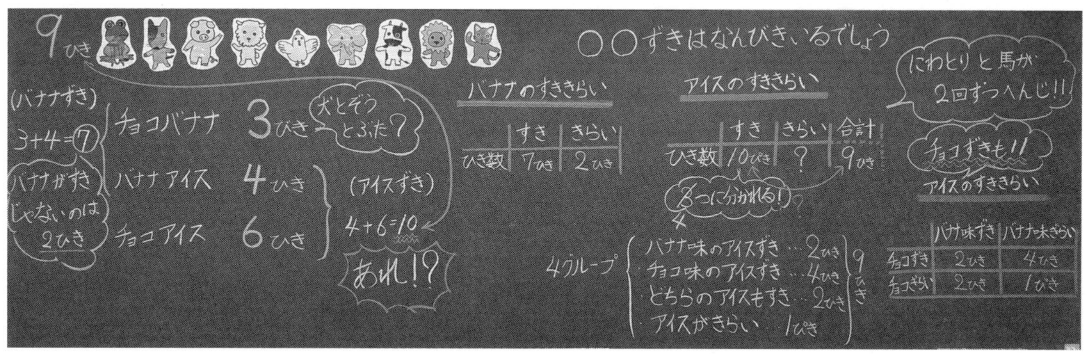

9ひき
〇〇ずきはなんびきいるでしょう
(バナナずき)
3+4=7
バナナがすきじゃないのは2ひき
チョコバナナ 3びき
犬とぞうとふた?
バナナアイス 4ひき
チョコアイス 6ひき
(アイスずき)
4+6=10
あれ!?
バナナのすききらい
すき きらい
ひき数 7ひき 2ひき
アイスのすききらい
すき きらい 合計
ひき数 10ぴき ? 9ひき
4つに分かれる!?
4グループ
バナナ味のアイスずき…2ひき
チョコ味のアイスずき…4ひき
どちらのアイスもすき…2ひき
アイスがきらい…1ぴき
9ひき
にわとりと馬が2回ずつへんじ!!
チョコずきも!!
アイスのすききらい
バナナ味ずき バナナ味ぎらい
チョコずき 2ひき 4ひき
チョコぎらい 2ひき 1ぴき

5 授業を振り返って

本時では，問題提示の場面においてはじめからアンケートの集計結果を示すのではなく，アンケートに答える場面を音声情報で提示した。これによって，子どもたちから「正」の字などを使いながら集計する必要感を引き出すことができたと考える。

はじめ，油断していた子どもたちも「ちょっと待って！　もう１回最初から聞かせて！」と，自分で集計する必要感をもち，漏れがないように音声に集中して数をメモする姿が見られた。

子どもたちの多くは「数」には意識を向けているが，誰がどこで返事をしたのかまでは意識していない。そこで，「アイス好き」の数を確認することで，母集団の数とのずれを浮きぼりにしていった。このずれによって，子どもたちからは「何が要因で母集団の数よりもアイス好きの数の方が多くなってしまったのか」という，強い問題意識（?(はてな)）を引き出すことができたと考える。

また，「バナナアイス」と「チョコアイス」の両方に返事をしている動物がいることが明らかになると，「どのように表に整理すればよいか」という次なる問題意識が子どもの中に生まれてくる。

最終的に２次元表に整理する場面では，最初から正解の表を取り上げるのではなく，「うまく表せない」という子どもの思いを大切に取り上げながら，それを基に全体で少しずつ２次元表へとつなげていくとよい。

自分は「どうしたいか」
～思いがあふれる算数の学びへ

北海道教育大学附属札幌小学校　瀧ヶ平 悠史

私は，決して算数が得意な子どもではなかった。算数の学習に対してとても苦手意識をもっていたし，実際に，成績も芳しくなかった。

そんな私が実家に帰ると，母がよくこんな思い出話をする。

私が小学校３年生の時のことである。ある算数の時間に，確かこんなテスト問題が出された。

「43ページの本を毎日７ページずつ読むと，何日間で本を読めますか」

わり算の余りの処理について考える問題である。「43÷７＝６余り１」という結果から，「７日間」と答えることが求められていたテストである。私は「６日間。最後に１ページ残すなんて考えられないから，６日目に８ページ読み切ります。」と答えた。結果的に×をつけられてしまった私。母は，そんな珍解答をする私に，常々「変わった子だなあ」と思っていたようである。

きっと私は，この問題場面に対して「数学的に処理をする」ことよりも，「自分が本を読むならどうしたいか」を考えていたのだと思う。だから，「僕だったら」という視点で答えたのである。

算数のテストの解答としては間違いにされてしまったとはいえ，こうした考え方や思いをもつことは，そんなに悪いことではないように私は思う。これは決して，幼き時代の自分を擁護しようというわけではない。

確かに，数学のよさの１つに，問題場面を理想化（上記のように，本来は本のページ数を等分して読むことなどないけれど，同じページ数ずつ読み進めると仮定してその日数を求めようとすること）し，数学的に一定の結論を導き出すことができることがある。だから，こうした学びによって数学のよさに気づけるようにしていくことは大切なことだと思う。

ただ，一方で，自分が「どうしたいか」と，日常の文脈の中で自分のこととして問題に働きかけることも，算数の学びの中でもっと大切にしていってもよいのではないかと思うのである。

それが，算数と自分との距離を縮めることにつながると考えるからである。算数は決して遠い世界のお話ではなく，自分たちの身近に「生かされている」ものだと気づくことにつながると思うからである。

子どもの「どうしたいか」という思いは，算数の学びの中でこんな形でも表れてくることがある。

１年生で繰り上がりのあるたし算の授業をした時のことである。

この時間は，「７＋８」を計算する際，ブロックをどう動かすかについてみんなで話し合っていた。多くの子どもが，いわゆる加数分解「７＋(３＋５)」・被加数分解「(５＋２)＋８」で考えている中，A君が右のようにブロックを動かした。

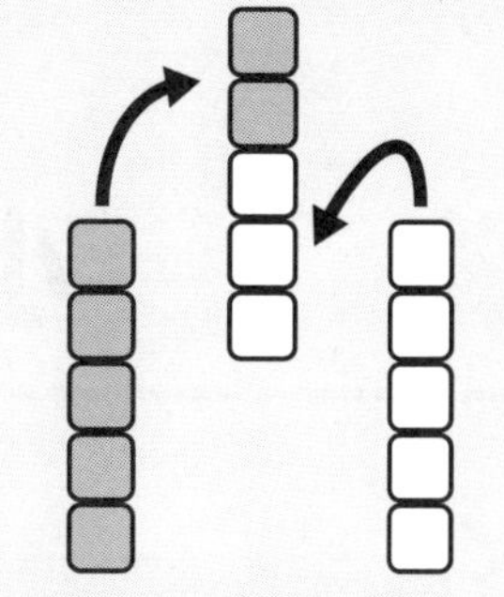

果たしてこの子どもはどうしてこのような動かし方をしたのか。私は，学級の子どもたちみんなでそれについて考える場をつくった。すると，ある子どもがこんな発言をした。

「きっと，Aくんは5を3つにしたかったんだと思う。その方がなんかきれいだし，わかりやすい。」

「きれい」とは，なんとも素敵な表現である。あちこちでうなずきながら「そうそう」「私もそう思った」といった声が聞こえてくる。

A君は，その声に満足気にうなずきながら，「この方が，5が3つできれいに並ぶ。それと，15というのがぱっと見たときにわかりやすいかなと思って。」と発言した。

確かに，この方法は「いつでも使える方法」ではないかもしれない。しかし，A君は，7＋8をただ「計算しよう」と考えたのではない。「くふうして計算したい」「きれいに計算したい」と強く思ったのである。だから，5が美しく3つ並ぶこの方法を見いだしたのだ。そこには，A君なりの7＋8に対する「どうしたいか」という思いが存在する。

そして，その「どうしたいか」という思いが，計算問題を「解く」ということ以上に，7＋8に「働きかける」きっかけをつくったのである。こうした姿は，例えば「必ず加数分解か被加数分解で10をつくって計算する」ことだけが唯一の目的となるような学習では生まれてこなかったのではないだろうか。

7と8をどのように捉えたか。そして，それらを合わせた15という数をどのように見たいのか。たとえ計算問題1つであっても，本当はそこに，子どもにとっての「どうしたいか」という思いがあるのではないかと思う。そんな思いを自由に表現できる，そんな算数の学びを，私は大切にしたいと思うのである。

わり算の問題も，たし算の問題も，方法だけ伝達するならばそれほど難しいことではないかもしれない。でも，私は，その問題を「ただ解く」のではなく，「どう解く」のかにこだわった授業を創っていきたいといつも願っている。そして，その背景にある，子どもの「どうしたいか」という思いを引き出していきたいのである。

そうすれば，算数はもっともっと自分に近づいてきてくれる。身近で親しみやすく，楽しくて美しい，そんな算数の本当の姿がどの子どもにも見えてくるはずである。

算数が問題を解く学習で終わるのではなく，自分の「どうしたいか」という思いや願いを表現できる，そんな言葉があふれる学びの場であることを子どもたちに存分に楽しんでほしい。

算数を愛する1人として，私の願いはそこにつきるのである。

5年　小数のかけ算

小数のかけ算の導入

1 ねらい

乗法については，４年生までに被乗数が小数の場合の乗法や，ある量の何倍かを表すのに小数を用いることがあることを学習してきている。５年生のこの単元では，乗数が小数の場合にも乗法が用いられるように数の範囲を広げて，乗法の意味を捉え直すことをねらいとしている。

これまでの整数の乗法では，「１つ分の大きさが決まっているときに，そのいくつ分かに当たる大きさを求める」場合や，「何倍かに当たる大きさを求める」場合などに用いるといった意味づけがなされてきているが，子どもの中では前者の意味のほうがより強く残っていることが多い。しかし，乗数が小数になると「いくつ分」として捉えることが難しくなり，前者の意味では説明できなくなる。

そこで，後者の意味を想起させ「何倍」が整数倍だけでなく，小数倍になっても同じように使えることを見つけ，乗数が小数になってもこれまでの式の形が使えるということに気づかせていきたい。その際には，数直線を用いることによって数量関係を視覚的に表しながら指導していくよう心がけたい。

2 教材，問題・場面設定について

本時では，リボンの代金を求める問題を扱い，長さのイメージをリボンを用いることで，数直線の考えにつなげやすいようにした。ただし,「リボンの長さ」や「１mあたりの代金」など，問題の解決に必要となる情報を最初から与えるのではなく，子どもとの対話から必要な情報を調べたり，与えたりすることで，主体的に問題を解決していく展開を心がけた。

問題を提示する際には,実物のリボンを用意して,その長さを予想させる。「２m位かな」,「３mかもしれない」といった子どものつぶやきが生まれ，「もし２mだったら代金はいくらになるかな」といった整数の乗法の振り返りも自然と行いやすくなる。その後，実際にリボンの長さを測定すると2.3mになることから,『長さが小数になっても同じようにかけ算が使えるのか』といった子どもの問いを引き出す展開にしていきたい。

3 学びを深める問いの連続

リボンの代金を求める。
リボンの代金を求める式はどうなるかな？

リボンの長さが必要。

1 mの代金も知りたい。

リボンの長さが2.3mのときはどんな式になるかな？

考え❶
2 mや 3 mと同じように考えたら80×2.3。

言葉の式で 1 mの代金×長さだから80×2.3。

かける数が小数になってもいいのかな？

80円のものが2.3個分というのは，おかしい。

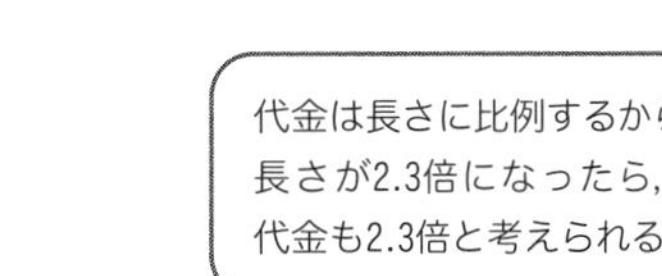

代金は長さに比例するから，
長さが2.3倍になったら，
代金も2.3倍と考えられる。

80円の2.3個分ではなく，80円の2.3倍と考えると80×2.3になる。

- 整数のかけ算を使って考えることができるかな。

これまでのかけ算も，同じようにいえるのかな？

4 問いをつくる工夫

?(はてな)を生み出すきっかけ

T：次のようなリボンを買ってきました。リボンの代金を求める式を考えましょう。

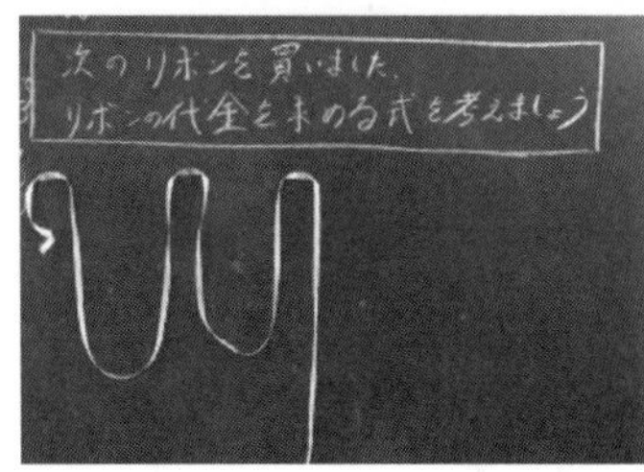

求答を急がず，まずは式の意味を考えることに議論を焦点化させたい。そのため，最初は実物のリボンのみを提示し，必要な条件などを自由に発言させていく。

C：これだけでは，わからない。
T：どんなことがわかるとよいですか？
C：リボンの長さが必要。
C：１mの値段も知りたい。
T：１mあたりの値段は80円です。長さは，何mくらいあると思いますか？
C：じゃあ，まっすぐ伸ばして貼ってください。
C：２mは，ありそう。
C：いや，３mかも。

あえて長さがわかりにくいように提示することで，「まっすぐに貼ってほしい」などの発言を引き出し，子どもの言葉で授業を展開していく。

T：もし長さが２mだとしたら，代金はどうやって求めたらいいのかな？
C：80×２＝160。
T：80×２になる理由は説明できるかな？
C：１mが80円だから，２mは１mの２本分になる。
C：80円のものが２つ分。
T：もし長さが３mだとしたらどうかな？
C：80×３＝240。
C：80円のものが３つ分と考えたらいい。

長さを予想させることで，「もしも２mや３mだったら…」という発言を引き出し，整数のかけ算との関連に見通しをもたせておく。そのうえで測定により，長さは2.3mであることを提示する。

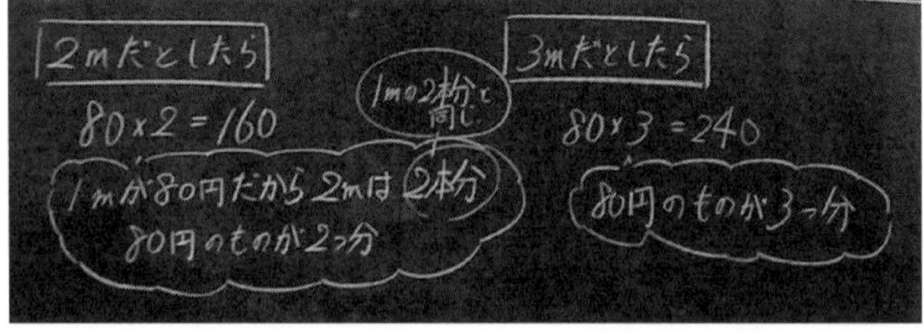

T：それでは，実際に長さを測ってもらおう。
C：2.3mある。

長さを測定する際は，１mごとの目盛りも残しておくように指示し，あとで数直線の図とつなげられるようにする。

はてな　リボンの長さが2.3mのときはどんな式になるかな？

??をつなぐ教師の役割

C：80×2.3。

T：どうして，80×2.3になると考えたのかな？

C：２個分なら80×２，３個分だと80×３。

C：80円のものが2.3個分。

疑問をもたずに立式する子どもに，式の根拠を問う。80円の2.3個分では説明できないことに気づかせ，80×2.3の意味を考えることに課題を焦点化する。

T：2.3個分ってどういうことかな？

C：２個分だったら80＋80でたし算で考えられるけど，2.3個分だとたし算でできないし，どういうことかよくわからない。

C：でも，２ｍや３ｍのときは，１ｍの代金に長さをかけていたから，2.3ｍのときも80×2.3でいいと思う。

T：じゃあ，80×2.3の2.3は，2.3ｍという意味だったのですね。

C：でも，単位を考えると，80円×2.3ｍの答えが円になるのはおかしい気がする。

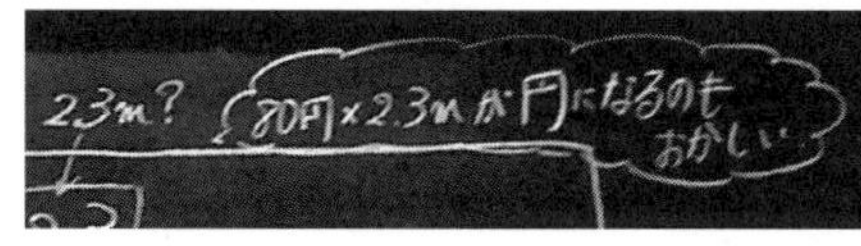

C：２ｍの代金はわかるから，80×２＋0.3×80と考えたらどうだろう。
0.3×80は，４年生でやったから計算できる。

C：でも，0.3×80じゃなくて，80×0.3だと思う。

C：かけ算は，１つ分の大きさ×いくつ分の順だから，80×0.3。

２ｍのときの代金をリボンの目盛りに書き込み，**数直線に近いイメージをもたせる。**

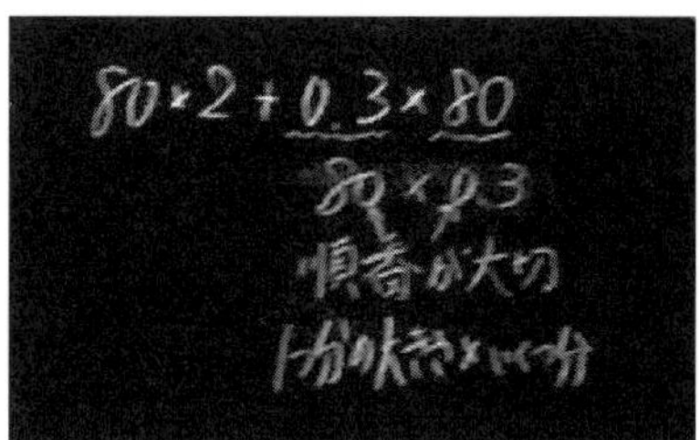

T：そうするとやっぱり（×小数）になってしまうね。

?? かける数が小数になってもいいのかな？

なるほど！からだったら！？へ

T：これまでにいくつ分の他にもかけ算を使って考える場面は，なかったかな？

C：２倍の場面で使った。

C：80円の2.3倍と考えたら80×2.3になる。

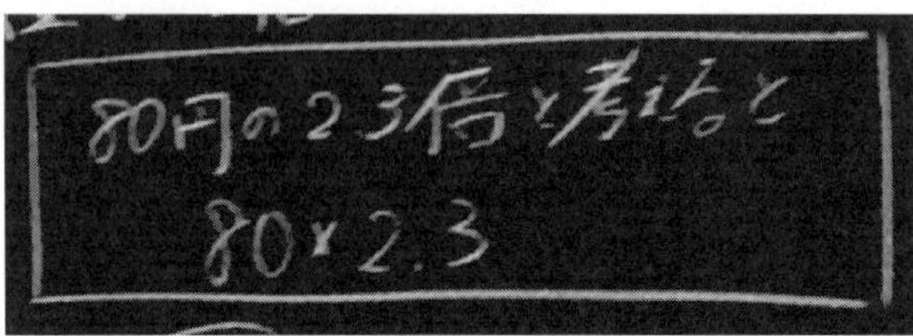

これまで学習してきたかけ算の場面を想起させ，同数累加のほかに，倍の見方があったことに気づかせる。

C：長さが１ｍから2.3ｍに，2.3倍になっているから，代金も同じように2.3倍になる。

T：他のときでもそうなっているのかな？

C：１ｍから２ｍに長さが２倍になったときも，代金が80円から160円に２倍になる。

C：長さと代金は，比例の関係になっている。

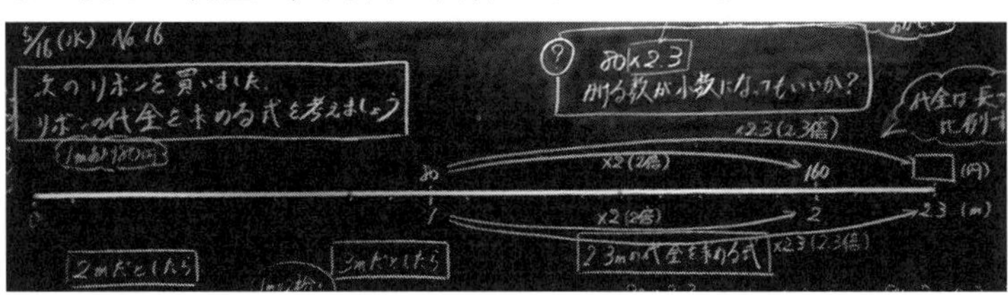

2.3以外の数でも同じ関係になっているかを問う。かける数が整数の場合も，倍を使って説明できることを確認し，**かけ算の意味を拡張したことを意識させる。**

T：いくつ分ではなく，何倍で考えていくと，小数の場合でも同じように説明できますね。この考えは，２ｍや３ｍのときも使えるのかな？

C：２つ分や３つ分のときも，長さが２倍や３倍だから代金も２倍や３倍になると考えていくと同じように使える。

T：これまでのかけ算は，『１つ分の大きさ×いくつ分』として考えてきましたが，『１つ分の大きさ×何倍』と考えていくと，小数のときも整数のときもどちらも使えるのですね。かけ算の意味を広げて捉えることができましたね。

だったら！？ これまでのかけ算も，同じようにいえるのかな？

T：2.3ｍの代金を求める式は，80×2.3でよいですね。それでは，代金はいくらになるのかな？

C：80×2.3を計算したらいい。

完成板書

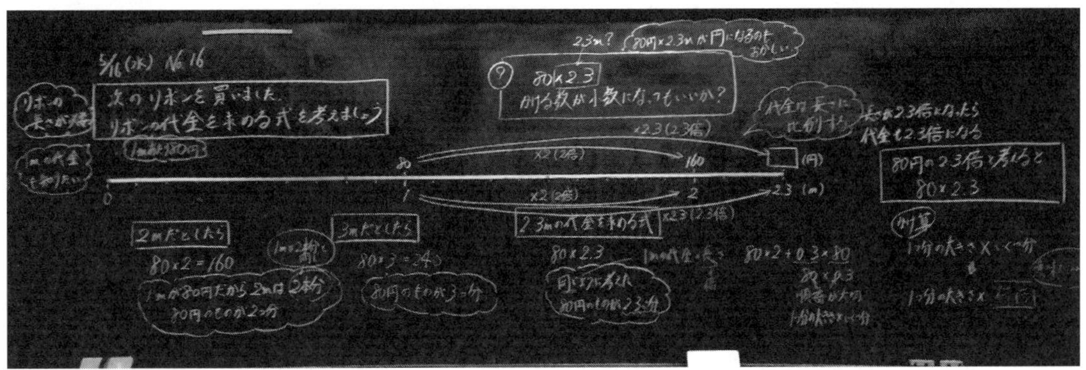

5 授業を振り返って

以前，同じ場面を授業したときは，最初の問題として『リボンの代金はいくらでしょう。』という発問をした。すると子どもは80×2.3の式の意味を考えるよりも，先に単位をcmに変換して１cmの値段×230cmにするなど，なんとか代金を出す方法を考えようとする方向に流れてしまった。今回は，子どもたちの議論を式の意味に焦点化するために，最初から『式を考えよう』という発問にした。それによって，80×2.3の意味を考える展開とした。

かけ算の意味は，２年生の頃から（１つ分の大きさ）×（いくつ分）という言い方の指導が繰り返されてきているので，小数になっても2.3個分のままで疑問を感じない子どももいた。意味を考えずに，形式だけで式を認めてしまわないように注意しながら指導していくことが大切であると感じた。

小数の乗法や除法の単元では，計算の意味や立式を考えていく上で数直線は重要な道具になる。本時では，その数直線の指導に繋がるようにリボンを利用し，リボンの下に長さ，上にその長さに対する代金という形で表していった。2.3mの代金を求めるときの，80×2.3の『2.3』の意味は，『2.3m』ではなく，『2.3倍』ということであることを踏まえ，数直線でも2.3倍の関係を表す→を書き込み，計算の意味と数直線を結びつけながら指導していくようにするとよい。

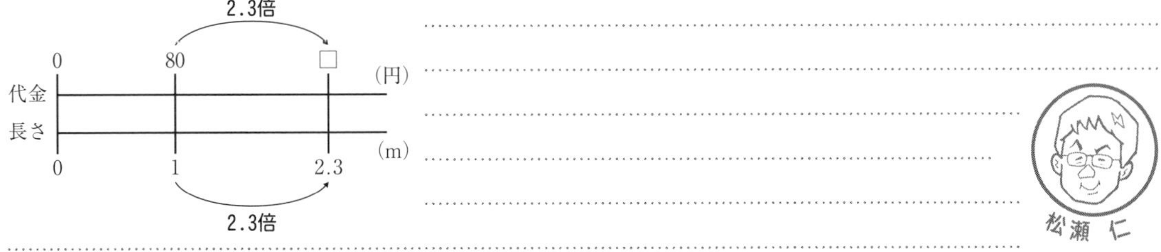

5年　円と正多角形

プログラミング

1 ねらい

学習指導要領では，ＡＩの発達やコンピュータが生活に欠かせないものになっていることから，「プログラミング的思考」を育むプログラミング教育の実施が求められている。プログラミング教育は各教科で取り入れることが求められているが，算数科では５年生の正多角形の作図の場面での取り扱いが例示されている。これは，正多角形の作図において，決まった作業の繰り返しが必要になることや，同様の考え方を生かしながら一部を変更することでいろいろな正多角形を作図できることが，プログラミングを利用すると簡単にできるからである。

そこで，本実践ではプログラミングの仕組みをもとに，正方形の作図のプログラミングから正三角形へと展開していき，その他の正多角形の作図へと一般化していく。自分の意図する図形を作図するために，プログラムのどの部分を変えていくとよいか，より簡単にするにはどうしたらよいか，予想したり試行錯誤したりしながらプログラミング的思考を育成していくことをねらいとしていく。

2 教材，問題・場面設定について

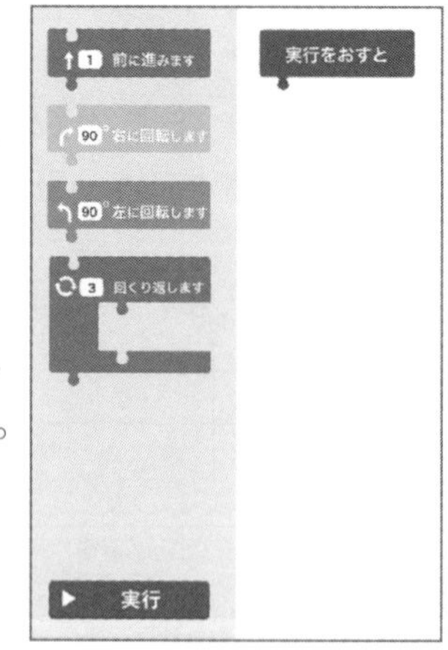

本実践では，プログラミングを行う環境として一人一台のiPadを使用し，教材は教育出版がインターネット上で公開している『プログラミング教材』（https://www.kyoiku-shuppan.co.jp/docs/sansu/programing/index.html）と，情報を共有するためのアプリ『ロイロノート』を使用した。

教育出版のプログラミング教材は，scratchをベースにして，移動，回転，繰り返しの機能だけに絞られたシンプルな作りとなっている。それだけに，できることは限られるが算数の授業でプログラミングを導入するには，扱いやすくなっている。今回は，２時間計画で行い，１時間目に正方形の作図を考えながらプログラミングの仕組みを学び，そこから正三角形の作図を考えていった。正方形は90°回転させると作図できることから，正三角形は60°回転させるとできるのではという予想をもとに問いをつくっていく。

3 学びを深める問いの連続

プログラミングを使って正多角形を作図しよう。
どんな正多角形だと作図しやすそうかな。

正方形なら簡単にできそう。

繰り返しを利用すると簡単にかける。

正三角形は，何度左に回転すると作図できるかな？

考え❶

正三角形の角度は60°だったから60°。

考え❷

曲がる角度だから120°回らないといけない。

実際に車が回転する角度はどこを見たらいいのかな？

60°でやってみたら，変な方向に飛び出していってしまった。

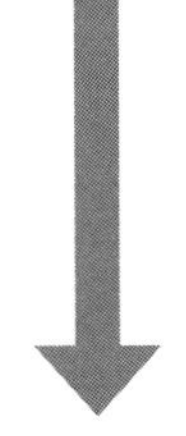

正方形のときに90°でできたのは，外側の角も90°になっているから。

正三角形も正方形も，外角の角度だけ回るようにすればいい！

- だったら，他の正多角形もできる。
- 頂点の数が360の約数になる図形はできる。

他の正多角形の作図もプログラミングできるかな？

4 問いをつくる工夫

はてな を生み出すきっかけ

T：今日は，プログラミングを使って正多角形の作図を考えていきたいと思います。どんな正多角形が作図しやすそうかな？

C：正方形。

C：正三角形。

T：それでは，正方形から考えてみましょう。みなさんのタブレットにプログラミングの画面を配信します。
車をプログラムで動かしてみましょう。『前に進む』のブロックを『実行をおすと』の下につなげると動かすことができます。

C：動いた。でも失敗になった。

C：１辺が５の正方形って書いてあるから５進めないといけない。

T：数字を５に変えると端までくることができますね。正方形にするにはどうしたらいいかな？

C：正方形の角は90°だから，どう回転させればいいのかな。

C：繰り返しを使うと楽にできる。

C：『４回繰り返す』にして，その中に『５前に進む』と，『90°左に回転』を入れたらいい。

C：他の方法でもできた。

T：同じ正方形でもいろいろな方法でかけるのですね。コンピュータに記憶させることを考えると，なるべく命令は短いほうがいいですね。では，正三角形も作図できますか。

C：できる。

T：それでは，正三角形のプログラミングはどうしたらいいか予想してみよう。

C：60°左に回転ではなくて，120°左に回転が必要だと思う。

T：60°と120°と意見が分かれましたね。正三角形は何度左に回転させるといいのかな？

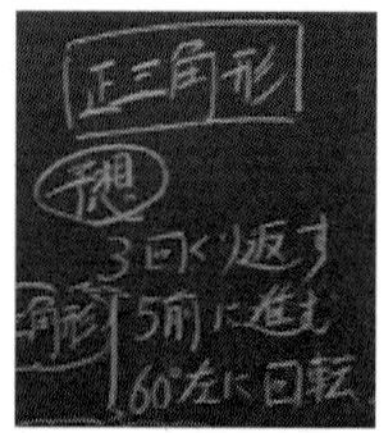

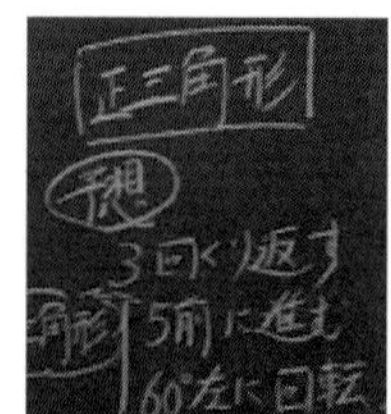

正三角形は，何度左に回転すると作図できるかな？

作図しやすそうな正多角形を予想させたうえで，まず，正方形から取り上げる。正方形は内角と外角の違いを意識せずに作図できるので，正三角形の作図に進んだときにずれが生じ，これにより「はてな」が生まれる。

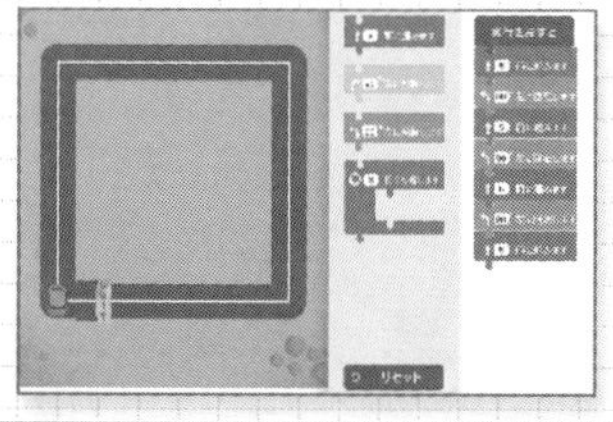

「５前に進む」「90°左に回転」の指示の組み合わせで作図できることを確認するとともに，「４回繰り返す」の指示を用いることで簡潔に記述できることに気づかせる。

正方形の場合をもとに，正三角形の作図に取り組ませる。すぐにプログラムを入力させるのではなく，**どこをどのように変えると作図できるか予想させ**，その理由を確認していく。

??をつなぐ教師の役割

C：実際にやってみたらいい。
C：やらなくても説明できる。

> ?? 実際に車が回転する角度はどこを見たらいいのかな？

T：それでは，60°だと思う人の理由はどうしてかな？
C：正三角形の１つの角度は60°だから，60°左に回転したらいいと思う。
T：次に，60°ではなくて，120°だと思う人の理由をきいてみましょう。
C：正三角形の角は60°だけど，車が曲がる角度を考えないといけないから，外側の120°回転させないといけない。

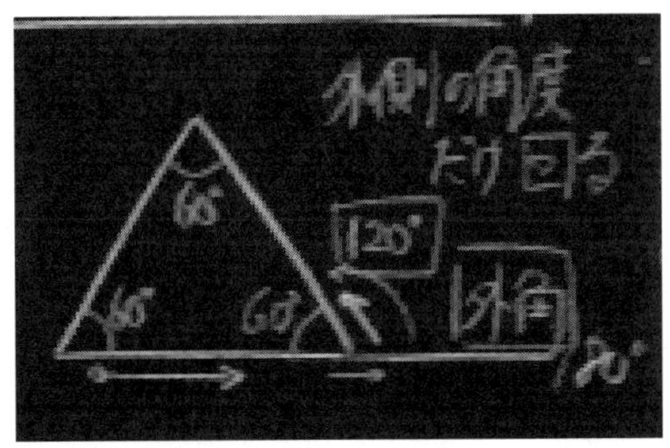

T：それでは，実際にプログラミングをして確かめてみましょう。

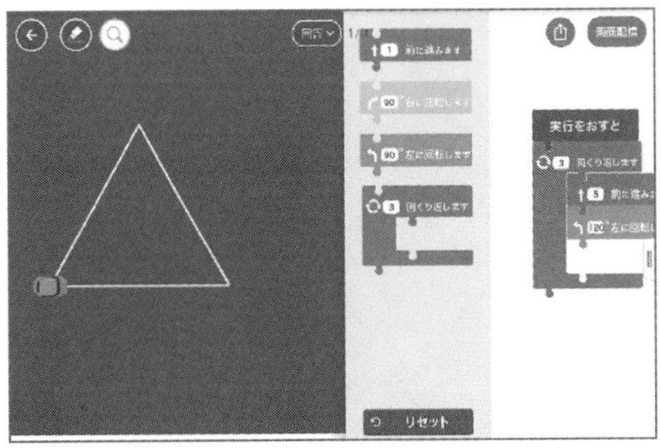

C：やっぱり120°でできた。
C：60°だと変な方向に走っていってしまった。
T：外側の角のことを外角といいます。正三角形は，外角の120°左に回転するとよいのですね。

> それぞれの予想の理由を検討したあと，実際にプログラムを入力して試してみる。

> **「外角」の用語を指導し**，正三角形の外角（120°）の分だけ回転する必要があることをおさえる。

なるほど！から だったら！？へ

T：どうして，さっきの正方形のときは，90°で作図することができたのかな？

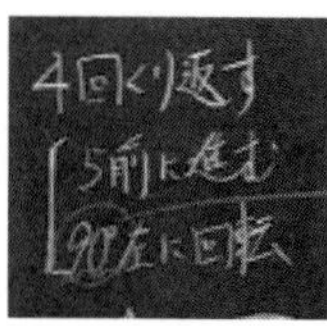

C：正方形の場合は，どちらも90°になるから。

T：どういうこと？

C：正方形は１つの角の大きさが90°だから，外角の大きさも90°になっている。だから90°左に回転したらいい。

T：それでは，正方形の場合の90°というのは，外角の角度を表しているのですね。

もう一度，正方形の作図のプログラムを振り返り，90°がどこを表しているのかを確認する。正方形は外角も90°になっていることに気づかせ，やはり外角を用いて作図していたことをおさえる。

なるほど！ 正三角形も正方形も，外角の角度だけ回るようにすればいい！

C：だったら，他の正多角形もできそう。

T：他にどんな正多角形ができるか作ってみよう。
できたものは，画面を保存して残しておきましょう。

「だったら，他の正多角形もかけそう」と**見通しがもてたところで，自由に活動する時間を設ける。**

T：それでは，どんな正多角形ができたか発表してもらいましょう。

C：正五角形。

C：正六角形。

C：正八角形。

C：正九角形。

C：360が割れる数ならできる。

T：何か作り方のポイントはありましたか？

C：繰り返しの回数と角度を調整する。

T：それでは，今回プログラミングでできた図形を先生の端末に提出しましょう。

プログラミングしたものは，スクリーンショットの機能で記録させる。プログラムの詳細については，次時，みんなで考えていく。

C：正多角形の他にも星形や長方形もできそう。

T：次回は，他の図形についても考えてみましょう。

だったら！？ 他の正多角形の作図もプログラミングできるかな？

完成板書

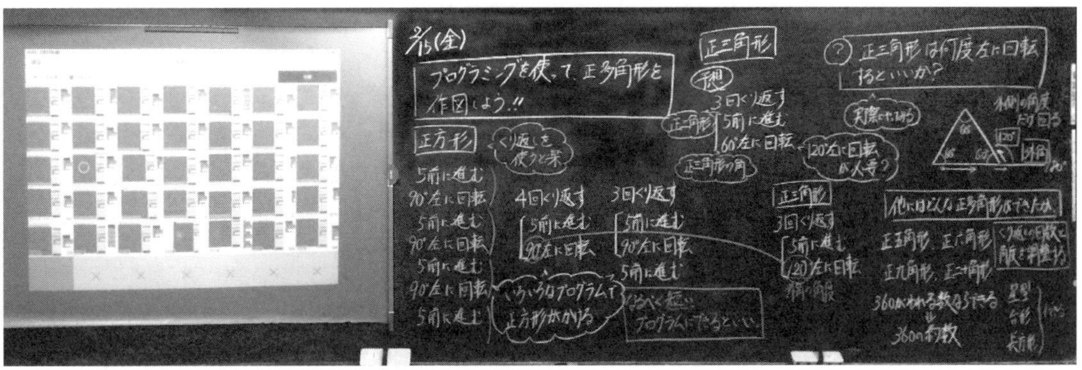

5 授業を振り返って

今回，初めて授業でプログラミングを行うにあたり，子どもたちにプログラミングの経験を聞いてみたところ，4，5人の子どもがプログラミングを体験したことがあるということであったが，初めてプログラミングをするという子どもも多く，前半は一つ一つの作業を確認しながら丁寧に進めるようにしていった。作業には，iPadを用いたが子どもたちはすぐに操作を覚え，自分たちでいろいろ試す姿が見られた。

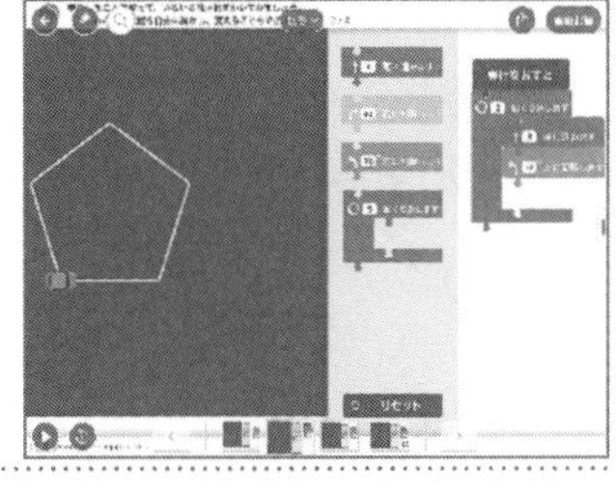

内角と外角が同じ正方形のプログラミングから考えていくことで，想定していた通りその後の正三角形のプログラミングの場面で角度の予想が分かれ，子どもの『？（はてな）』を作ることができた。正三角形を解決した後，改めて正方形を振り返ることで，正方形も外角の角度になっていることを押さえることができ，そのことを利用して，正五角形や正六角形のプログラミングを考えることができた。

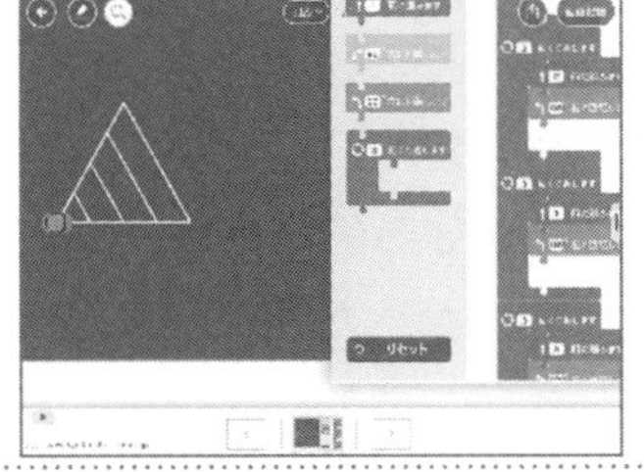

また，正多角形の他にも，「こんなのができた」と子どもから出てきた図形の中には，正三角形を活用して大きさを変えながら，拡大図・縮図のようなものを作っているものや，星形のように，きれいなパターンの模様を作っているものがあった。

実際に授業の中で，子どもたちの様子を見ていると，自分で作りたいものをイメージしてそれに合わせたプログラミングを考えている子どもと，出来上がりの形をイメージするのではなく，角度や繰り返しの回数を適当に決めてプログラムを動かしながら面白い形ができないかを探している子どもの2つのパターンが見られた。「プログラミング的思考」のねらいとしては前者の考え方ができるようにしていきたいが，後者のようにいろいろと数値を変えながらどんな図形ができるか試して，試行錯誤していくという考え方もコンピュータを使って学習するよさであると改めて考えた授業であった。

松瀬 仁

5年　図形
三角形・四角形の面積

1 ねらい

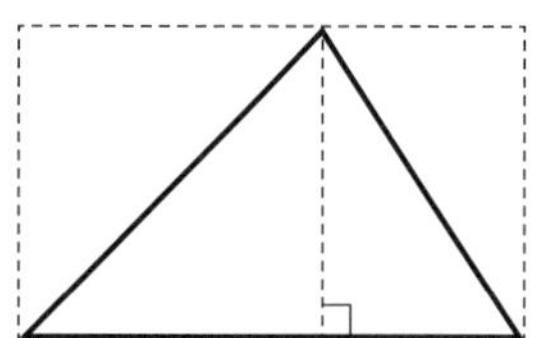

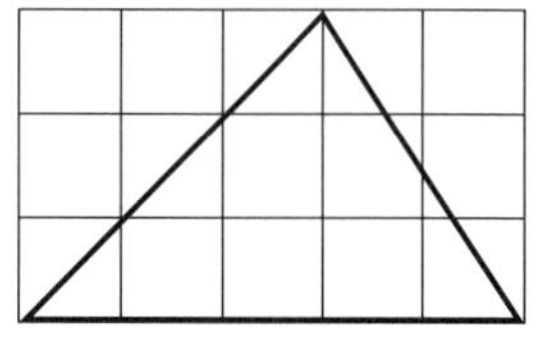

５年生三角形の面積の導入授業（三角形から導入）で，唐突に鋭角三角形を提示し，その求積方法を考えさせても，右のように，解決するための既習となる長方形（直角三角形）を想起し，関連づけながら，求積方法を見いだせる子どもはごく少数だろう。だから，教師は手立てを講ずるわけであるが，だからといって，方眼の上に三角形を描いて提示する，また，直角三角形を提示して，それから三角形の面積指導を始めるのでは本末転倒である。子ども自ら気づいてほしい見方を，指導者側から見せてしまっては，「数学の見方・考え方」を育む指導にはならない。

本実践では，子どもが素直に「数学的な見方・考え方」を働かせながら，まず直角三角形が三角形の求積の基となることを発見し，そして，それをさまざまな三角形の求積方法へと進んで活用していくことで，自ら三角形の求積方法を一般化していくことをねらいとした。

2 教材，問題・場面設定について

【問題】 数時間に渡って，「三角形の面積」を求める学習をします。
ただ“三角形”といわれても，いろいろな三角形がありますよね。○○三角形という名前のついた三角形にどんなものがあったか，思い浮かべてみよう。(15秒)
それでは，いま頭に思い浮かべた三角形から，「この形の三角形ならば簡単に面積が求められる!!」と思えるものを１つ選んで，ノートに描いてみましょう。

このように，数学的な見方・考え方が既習を想像して直接的に働く発問で，子どもが長方形の半分である直角三角形の求積が簡単であると判断できるかを迫ってみることとした。

ここで，直角三角形を想起することができれば，三角形の求積についての解決の一歩目を自ら踏み出せたということである。しかし，実は多くの子どもはそうは判断できず，形のきれいさなどに着目し，誤って正三角形と判断してしまう。教師はそれに戸惑うことなく，そのように子どもが判断をした理由を述べさせていく中で，求積方法の困難さに直面させ，考えを修正させながら，求積の容易さの意味を考えるという授業展開にすればよい。

3 学びを深める問いの連続

「この形の三角形なら簡単に面積が求められそう!!」と思える形の三角形は？

正三角形　26／30人
二等辺三角形　2／30人
直角三角形　2／30人

はてな

どうして多くの人が正三角形が求めやすいと思ったのかな？

考え❶

3辺の長さが等しいから，正方形が簡単だったから。

考え❷

1辺×1辺×1辺で求められると思う。

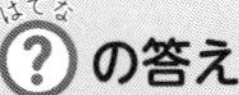

の答え

正方形から正三角形を想像したのですね。正方形はどうして1辺×1辺で面積が求まるのか思いだそう。

1辺が1cmの正方形1 cm^2 の個数を求める。

1 cm^2 の正方形が，縦，横2つずつだから $2\times2=4$ cm^2

はてなの解答に対する修正を促す

同じように正三角形も1辺×1辺×1辺で1 cm^2 の正方形の個数を数えられるの？

正三角形には角（かど）（直角）がない。辺が斜め。だから正三角形だと1 cm^2 の正方形の個数を数えられない。

1 cm^2 の正方形の個数が数えられる三角形なんてあるのかな？

- 直角三角形
- 直角三角形を2つ組み合わせると長方形になる
- (たて×横)÷2

なるほど

直角三角形なら，長方形の半分だから面積が求められる！

だったら

他の三角形も，1 cm^2 の正方形の個数が数えられるようにできないかな？

4 問いをつくる工夫

?（はてな）を生み出すきっかけ

T：三角形の面積を求める学習をします。ただ“三角形”といわれても，いろいろな三角形がありますよね。○○三角形という名前のついた三角形にどんなものがあったか，思い浮かべてみよう。（15秒）

T：思い浮かべた三角形から，「この形の三角形なら簡単に面積が求められる!!」と思えるものを１つ選んで，ノートに描いてみましょう。

T：描けたようですね。それでは教えて下さい。

C：正三角形（30名中26名）。

T：ほとんどの人が「正三角形」を描いているようですね。これだけの人がいっているのだから，正三角形の面積が求めやすいに違いありませんね。

> 子どもの最も素直な感覚が引き出される問いかけから，?（はてな）を生み出すきっかけをつくる。「簡単に面積が求められそうな三角形」を問うと，多くの子どもが正三角形を描くだろう。その理由を明らかにする中で，実際の求積の容易さとのギャップに気づかせていく。

○○三角形の中から，「この形の三角形なら簡単に面積が求められる!!」と思えるものを１つ頭に思い浮かべて，ノートに描いてみよう。

正三角形の面積を求めるのは簡単に違いない!!

正三角形26／30人

どうして多くの人が正三角形が求めやすいと思ったのかな？

??をつなぐ教師の役割

T：でも，どうして多くの人が正三角形の面積が求めやすいと思ったかなあ？

C：３辺の長さが等しいから。

C：正方形が簡単だから，正三角形も簡単と思った。

T：なるほど，正方形から想像したのですね。だとすると，どのように面積を求められそうなの？

C：正方形の面積が１辺×１辺のように，正三角形は１辺×１辺×１辺で求められると思う。

> 子どもたちの反応に寄り添い，まず**正三角形の求積について徹底的に吟味していく。**

正三角形の面積は，１辺×１辺×１辺で求まる?!

T：面積を求める式まで思いつきましたか！　ところで，正方形はなぜ１辺×１辺で面積が求まるの？

C：例えば，１辺が２cmの正方形だったら，$1\,cm^2$の正方形２つ分で$2\,cm^2$で，それが２列分あるから，$2\,cm^2$×２列分＝$4\,cm^2$。

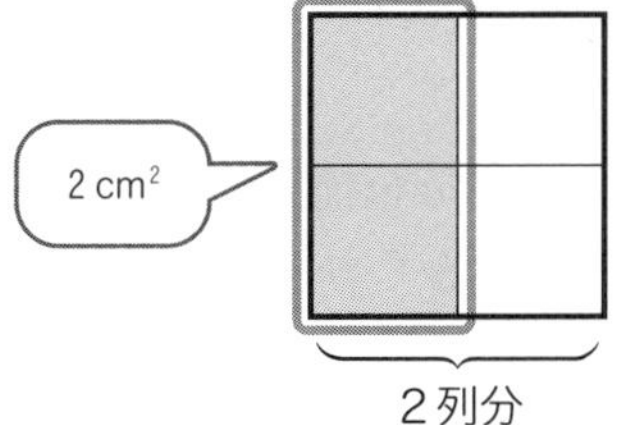

正方形の求積公式「１辺×１辺」は，$1\,cm^2$の正方形の個数を求めていたことを確認する。

T：そうでしたね。面積は$1\,cm^2$の正方形を数える式で求めていたのですね。ということは，正三角形も１辺×１辺×１辺で$1\,cm^2$の正方形の個数を数えられて，面積が求められるのですね?!

C：やっぱりだめ。１辺が２cmの正方形に１辺が２cmの正三角形を重ねてみればわかる。

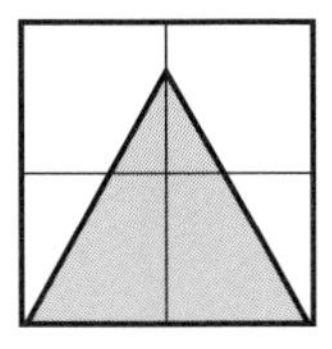

正方形が$4\,cm^2$なのに，
それより小さい正三角形が
２×２×２＝$8\,cm^2$はおかしい。

T：確かにそうですね。１辺×１辺×１辺では面積は求められないようですね。どうしてでしょう……。

C：正三角形には角（かど）がないからだめ。

T：角（かど）はあるじゃないですか。

C：角（かど）って直角のこと。

C：そう，正三角形は辺が斜めだから面積の求め方がよくわからない。

C：だから，正三角形だと，$1\,cm^2$の正方形の個数を数えることができない。

正三角形の求積が困難である理由を明らかにする。これにより，「本当に面積が簡単に求められそうな三角形は何か？」という問いへとつないでいく。

$1\,cm^2$の正方形の個数が数えられる三角形なんてあるのかな？

２つ目の？？から！（なるほど）へ

T：直角があって，辺が斜めではなくて，$1\,cm^2$の正方形の個数が数えられる三角形だったら面積を簡単に求められるということですね。でも，辺が斜めではないって……。そんな三角形，ありますか？

C：ないけどある。

T：面白い言い方ですね。それでは，その「ないけどある三角形」をノートに描いてみましょう。

正三角形の求積の困難性をクリアできる三角形について問うことで，**「$1\,cm^2$の正方形の個数に帰着できる三角形を見つける」**という課題に焦点化していく。

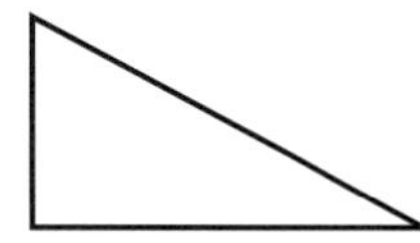

（大多数が直角三角形で，
２名程が二等辺三角形を描く）

T：今度は，ほとんどの人が直角三角形を描いたようですね。でも，１cm²の正方形の個数は数えられそう？　先生には１cm²の正方形が見えないけど……。

C：その直角三角形もう１つ！　あれば見えるよ。

C：そうそう，それをクルッと回してくっつける。

C：「長方形の半分」だから面積を求められる。

T：それでは，直角三角形のどこの長さがわかれば面積を求められそうですか？

C：たてと横。

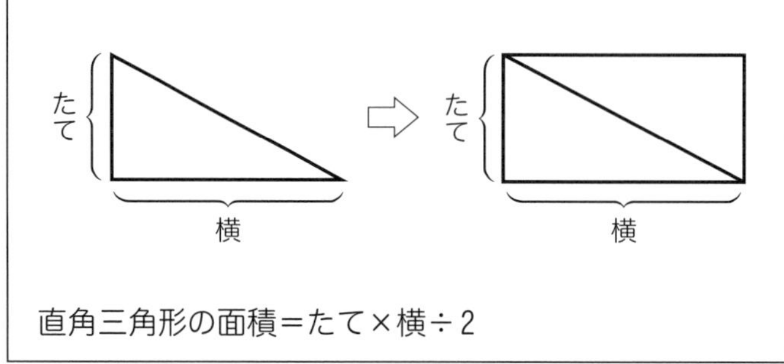

なるほど
直角三角形なら，長方形の半分だから面積が求められる！

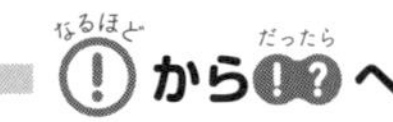

T：直角三角形のように１cm²の正方形の個数が数えられるようになる三角形は他にもありますか？

他の三角形も，１cm²の正方形の個数が数えられるようにできないかな？

C：二等辺三角形。

T：えっ，直角がありませんが……。

C：半分に折れば同じ直角三角形が２つできる。

C：切って回してくっつければ長方形が作れる。

T：すごいですね。直角三角形ができて，長方形にも変形することができましたね。

T：どこの長さがわかれば面積を求められそうですか？

C：下の辺と折った線の長さ。

「先生には１cm²の正方形が見えないよ」と問いかけることで，「長方形にする」という発想を引き出す。

どこの長さがわかれば面積を求められるか問い，式化を促す。

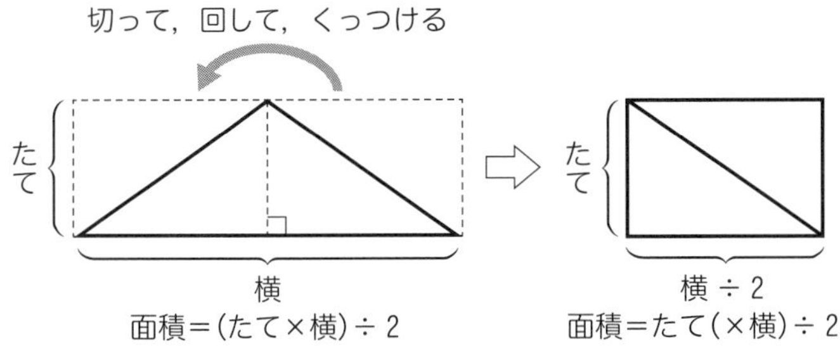

C：それだったら，正三角形も二等辺三角形と同じ。

T：直角三角形を見つければいいとわかった途端，面積を求められるようになりましたね。

T：それでは，こんな特徴のない三角形はどう？　半分に折っても直角三角形ができないし……。無理かなぁ。

C：縦線を引けば直角三角形ができる！

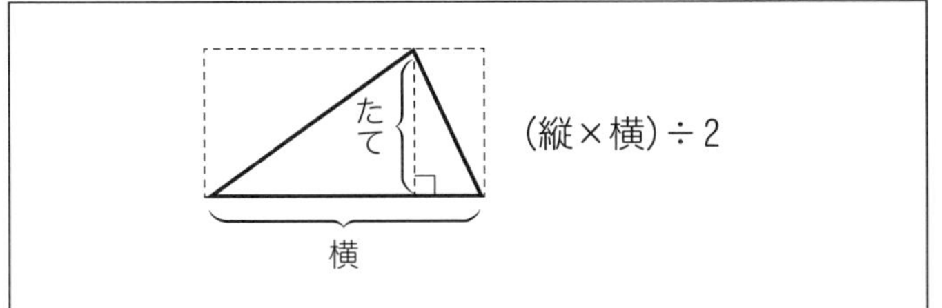

直角三角形を見つけることで，どんな三角形も求積可能になることを理解できるようにする。

板書

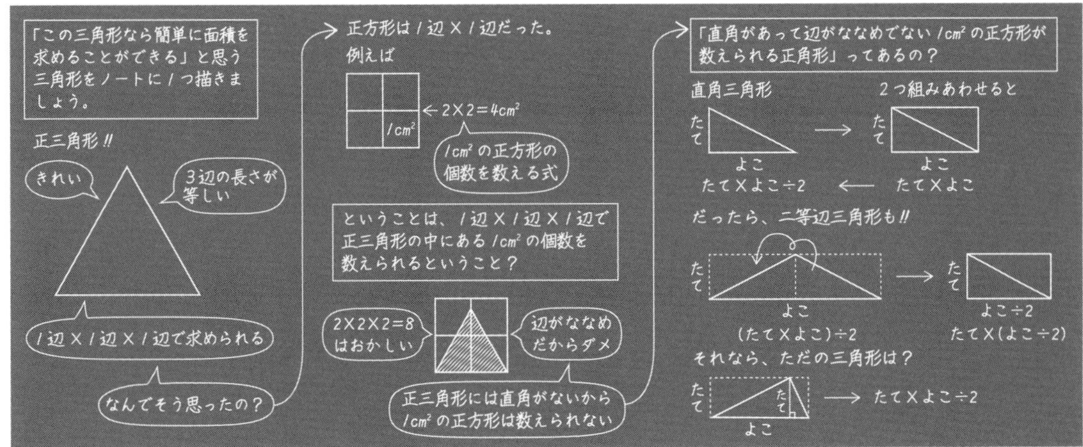

5 授業を振り返って

冒頭で，鋭角三角形を唐突に提示しても，その求積を考えさせても，問題解決に手がつけられない子どもがいると述べたが，この一連の学びから求積の基本図形を直角三角形と見いだしてきた子どもたちは，さまざまな三角形に直角三角形を見いだすことで，三角形の面積を求積する一般化へと至った。問題解決に確かな一歩目として直角三角形を発見した子どもたちは，まさに水を得た魚のように，問題解決の道筋をつくっていったのである。

大野 桂

5年　変化と関係

単位量あたりの大きさ

1 ねらい

単位量あたりの大きさは，比べ方の1つである。そのことを前提にしていくと，本単元は理解がしやすくなり，子どもが自分で解決できるようになる。比べ方に共通する考え方は「そろえる」という考え方である。例えば，赤いリボンと青いリボンの長さを比べる際，リボンの端をそろえる。つまり，起点を0cmにそろえているということである。

単位量あたりの大きさが必要な場面は，２組以上の異種二量の関係を比べる場合である。例えば，本実践で扱った以下のような場面である。

【問題】　どちらのレジャーシートが混んでいるといえるでしょうか。

	面積	人数
レジャーシートA	3 m^2	6人
レジャーシートC	6 m^2	9人

２組の面積と人数という二量の関係を比べている。もし，面積か人数のどちらかの数量がそろっているのであれば，もう片方の数量の大小で比べることができる。しかし，面積と人数のどちらの数量もそろっていない場合は，自ら２組の二量に働きかける必要が出てくる。面積をそろえようとするか，人数をそろえようとするかのどちらかになるのだが，その１つのそろえ方として，単位量あたりの大きさという考え方が出てくるのである。

2 教材，問題・場面設定について

「どちらのレジャーシートが混んでいるか」という問題場面を扱う。数値設定は以下のとおりである。最初，AとBを比べ，面積がそろっている場合は人数で比べればわかることを押さえる。次に，BとCを比べ，人数がそろっている場合は面積で比べればわかることを押さえる。最後にAとCを比べ，人数がそろっていない場合の比べ方について考えることが，本時の課題となる。

	面積	人数
レジャーシートA	3 m^2	6人
レジャーシートB	3 m^2	9人
レジャーシートC	6 m^2	9人

3 学びを深める問いの連続

3 m²に6人いるレジャーシートAと，3 m²に9人いるレジャーシートBでは，どちらが混んでいるといえる？
3 m²に9人いるレジャーシートBと，6 m²に9人いるレジャーシートCでは，どちらが混んでいるといえる？

同じ面積のAとBならば，人が多いBの方が混んでいるといえるね。

同じ人数のBとCならば，面積が狭いBの方が混んでいるといえるよ。

面積も人数もそろっていないときは，どうやって比べればいいのかな？

考え❶
面積を同じにしてみよう。

考え❷
人数を同じにしてみよう。

他に，どんなそろえ方があるかな？

面積をそろえていたり，人数をそろえていたりするね。

最小公倍数や1人あたりや1 m²あたりを使って，面積と人数をそろえようとしている。

どの比べ方にも共通しているのは「そろえる」という考え方だな。

- 何かを比べるときは，「どうやってそろえればいいか」を考えればよさそうだね。

「そろえる」という考え方は，他にどんな場面で使えるかな？

4 問いをつくる工夫

はてな を生み出すきっかけ

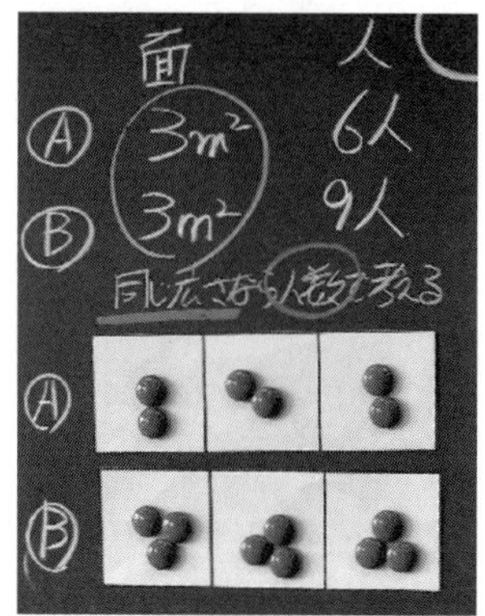

T：レジャーシートＡとＢならば，どちらが混んでいるといえるかな？

C　面積がそろっているならば，人数が多いＢの方が混んでいます。

T：同じ広さであれば，人数で考えればいいですね。

T：それでは，レジャーシートＢとＣならば，どちらが混んでいるといえるかな？

C：人数がそろっているならば，面積が狭いＢの方が混んでいます。

T：同じ人数であれば，面積で比べられるのですね。

C：Ｂが１番混んでいるレジャーシートということだね。

T：Ｂが１番混んでいるということはわかりましたが，ＡとＣだったらどちらが混んでいるといえますか？

はじめにＡとＢ，ＢとＣを比べ，「面積か人数のどちらかをそろえれば，もう一方の量で比べられる」という考え方を共有し，面積も人数もそろっていない場合の発想の源になるようにする。

「そろえる」という考え方を改めておさえ，「他にもそろえ方がある」という発言を引き出す。

次にＡとＣについて問う。**ＡとＢ，ＢとＣを比べた場合との違いに着目させ**，「面積も人数もそろっていない場合はどのように比べるのか」という課題を明確にする。

面積も人数もそろっていないときは，どうやって比べればいいのかな？

C：面積は３m^2と６m^2でそろっていないし，人数も６人と９人でそろっていないね。

T：そうですね。ＡとＢならば面積がそろっていたので，人数で比べることができました。ＢとＣならば人数がそろっていたので，面積で比べることができました。今回はどうですか？

C：面積も人数もそろっていない。どうやって比べればいいのかな？

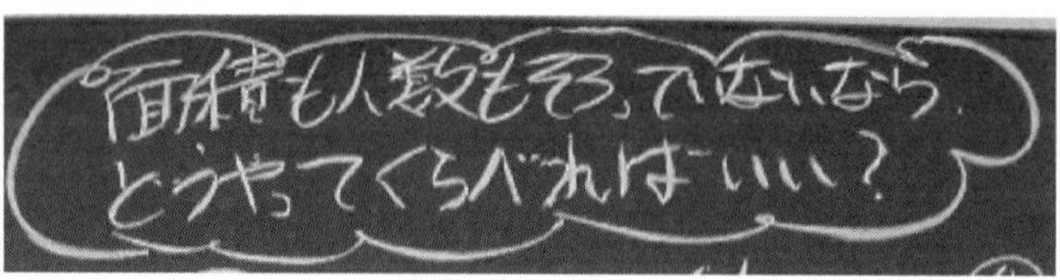

面積も人数もそろっていないなら，
どうやってくらべればいい？

❓❓をつなぐ教師の役割

C：面積をそろえれば，人数で比べられるから，面積をそろえました。Aは3 m^2だったから2倍して6 m^2にしました。面積を2倍したのだから，人数も2倍して12人にしました。そうすると，面積が6 m^2でそろって，人数が多いAの方が混んでいるといえます。

T：面積が2倍になったら，人数も2倍になるの？

C：これは，面積と人数が比例すると仮定すればの話。

T：面積と人数が比例すると仮定すれば，面積をそろえて，人数で比べられるということですね。でも，どうして面積をそろえようと思ったの？

C：だって，面積をそろえれば，人数で比べることができるから。

C：そろっていないなら，そろえてしまえばいい！

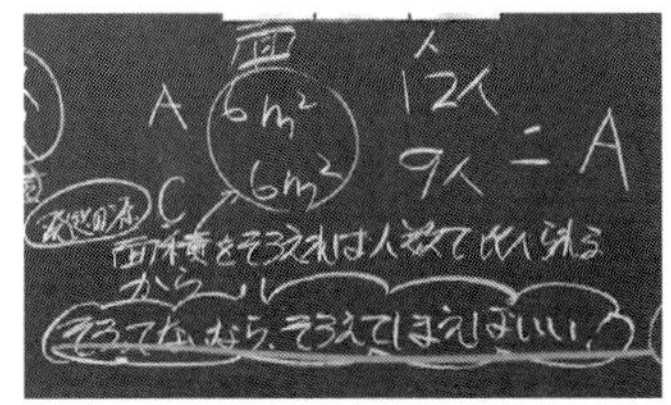

A
6m²
6m²
12人
9人
= A
C
面積をそろえれば人数で比べられるから
そろってないなら，そろえてしまえばいい。

C：ぼくは，人数をそろえて面積で比べました。6人と9人の最小公倍数の18人でそろえる。人数と面積が比例すると仮定すれば，Aは6人から3倍しているから，面積も3倍して9 m^2。Bは9人から18人に2倍しているから，面積も2倍して12 m^2。人数が18人でそろっているから，面積の狭いAの方が混んでいるといえます。

T：なるほど。どうして，人数をそろえようと思ったの？

C：人数をそろえれば，面積で比べることができるから。

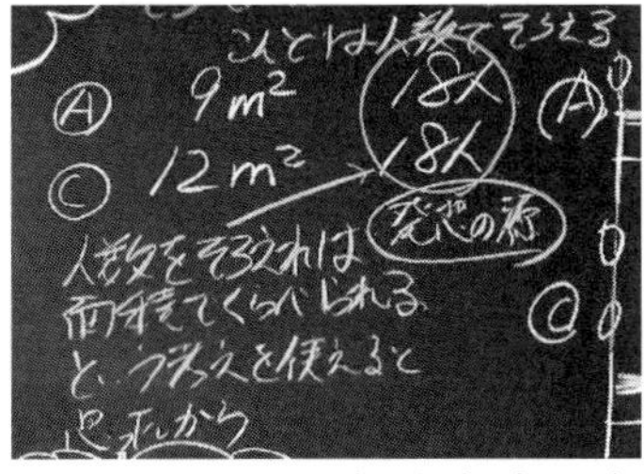

Ⓐ 9m²
Ⓒ 12m²
18人
18人
発想の源
人数をそろえれば
面積でくらべられる

T：この2つの解決方法は違うけれども，考え方に同じところがあるね。

C：どちらもがそろっていないから，どちらかをそろえればいいというのが同じです。

C：まだ他にもそろえ方があるよ！

❓❓ 他に，どんなそろえ方があるかな？

面積と人数を比例させて考えることに疑問をもたず，形式的に面積や人数をそろえる子どもは多い。操作の意味を問い返すことで，あくまで「比例を仮定している」ということを意識させる。

「どうして面積をそろえようと思ったの？」「どうして人数をそろえようと思ったの？」と発想の源を問うことで，「そろえれば比べられる」という考え方を言語化させる。

面積や人数を「そろえる」という考えを理解しやすくするために，**マグネット等の具体物を使って操作して示す。**

第１時の板書

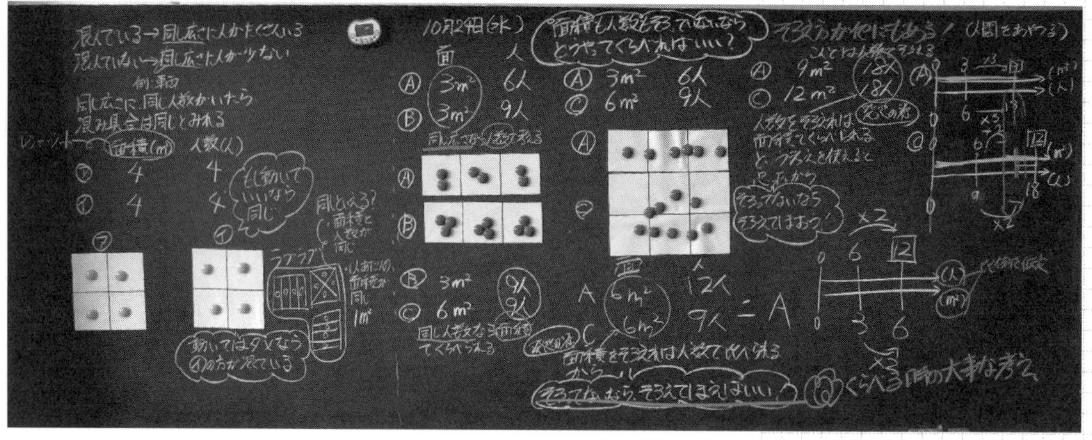

※ここからが第２時

C：ぼくは１人分の面積を求めて比べました。

A　3 ÷ 6 = 0.5

C　6 ÷ 9 = 0.666…

これは，１人分の面積を表した数です。１人分の面積が狭いAの方が混んでいるといえます。

T：どうして１人分の面積を出そうと思ったの？

C：人数をそろえれば，面積で比べられるからです。

T：この場合は，人数を何人にそろえたの？

C：１人。

C：似ているけれども，わたしは$1\,m^2$でそろえました。

A　6 ÷ 3 = 2

C　9 ÷ 6 = 1.5

これは，$1\,m^2$に何人いるかを表した数です。$1\,m^2$にいる人数が多いAが混んでいるといえます。

T：どうして$1\,m^2$分の人数を出そうと思ったの？

C：面積をそろえれば，人数で比べられるからです。

T：この場合は，面積を何m^2にそろえたの？

C：$1\,m^2$。

なるほど！ **どの比べ方にも共通しているのは「そろえる」という考え方だな。**

> 求めた商の意味を問うとともに，「１人分の面積」や「$1\,m^2$あたりの人数」が表す意味について具体物を使って示す。

> ここでも，「１人分の面積」や「$1\,m^2$分の人数」を求めようとした発想の源を問う。

> 考え方の共通点を問い，**比べる際に共通する「そろえる」という考え方を顕在化させる。**「ほかの場合でも使えそう」という見通しをもたせて次時以降につなげる。

!（なるほど）から!?（だったら）へ

T：いくつかの比べ方が出てきましたが，どの比べ方にも同じ考え方がありますが，どんな考え方が同じでしょうか。

C：全て，比例を仮定して「そろえる」という考え方が同じです。

C：他のときでも，この「そろえる」という考え方を使えば，比べることができると思う。

!?（だったら）「そろえる」という考え方は，他にどんな場面で使えるかな？

第２時の板書

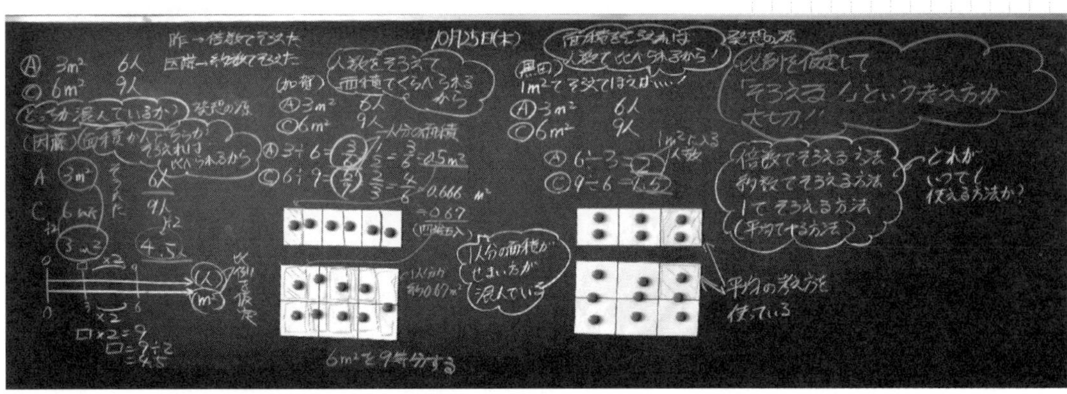

5 授業を振り返って

最初に述べたように，単位量あたりの大きさは，比べ方の１つの方法である。単位量あたりの大きさを使った比べ方は新しい学習内容なので，本単元において触れさせなければならないが，それが唯一の比べ方だと考えると，単位量あたりの大きさの学習を理解することが難しくなる。単位量あたりの大きさとは，２組以上の二量の数量がそろっていない（本時であれば，面積と人数がともにそろっていない）場合，「どちらかをそろえたい」という発想から生まれる比べ方の１つである。その他にも比べ方が出され，共通する考え方を考えることで，「そろえる」という考え方が浮き彫りになる。

３時以降に，３組以上の二量の数量がそろっていない場合を提示して，単位量あたりの大きさを使った比べ方のよさに触れさせていくことにより，単位量あたりの大きさを使った比べ方の汎用性を感じさせることはできるので，導入においては，あくまで「そろえる」という考え方が比べる際に共通する考え方であることに気づかせるとよい。それは，難解単元といわれる割合の学習においても，共通する考え方となり，割合の問題を自分で解決したり，理解を促したりするための発想の源となる。

加固希支男

子どもと一緒になって楽しむ算数

聖心女子学院初等科　松瀬 仁

私が，小学校のそれも算数を中心とした教員になりたいと思ったきっかけは，学生時代にさかのぼる。当時，筑波大学附属小学校の教員であった坪田耕三先生の授業を初めて参観したときのことである。坪田先生の授業では，子どもたちが生き生きと活動し，本当に楽しんで授業に取り組んでいる様子が伝わってきた。そして，そんな子どもたちの発言を受け止め授業を展開していく先生の様子も楽しそうで，これまでに自分のイメージしていた授業とのあまりのギャップに衝撃を受けた反面,『自分もこんな授業がしてみたい』と思ったのがきっかけである。

それ以来，授業の準備をする際には，子どもたちがどんな反応を示すかな，どんな発言をするかなと子どもが驚いたり，楽しんだりする様子を想像しながら進めている。実際に授業の中で，子どもからこちらの期待したような反応や発言を引き出すことができたり，一所懸命取り組んでいる姿を見たりすると，やはり授業をしている側としても嬉しく，やりがいを感じて楽しく授業を進めることができる。

しかし，本当に楽しいのは，子どもがこちらの想定を超えて動き出していったときである。ここでは，６年生の子どもたちと授業をした一場面について紹介していきたい。

新しい学習指導要領よりプログラミングが必修となり，算数では５年生の円と正多角形の単元での実践が本書籍でも紹介してある。同じソフトを用い，６年生の子どもたちともプログラミングについて学習したときのことである。

まず，５年生と同様１時間目は，正多角形のプログラミングの仕方について考えていく。すると，子どもから星型を作ってみたいという意見が出てきた。そこで２時間目に星型のプログラミングについて考えていくことにした。

正五角形のプログラムを参考にし，星型五角形の外角にあたる部分の角度を求め，星型五角形のプログラムを考えることができた。さらに，回転の向きを左右入れ替えることでできる星型の向きを入れ替えることができることも見つけた。

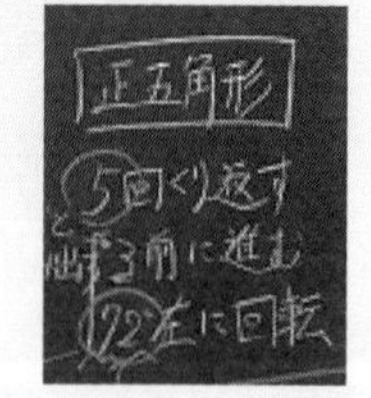

「正五角形の角の２倍になっている。」

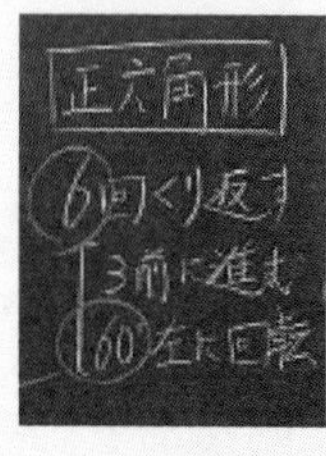

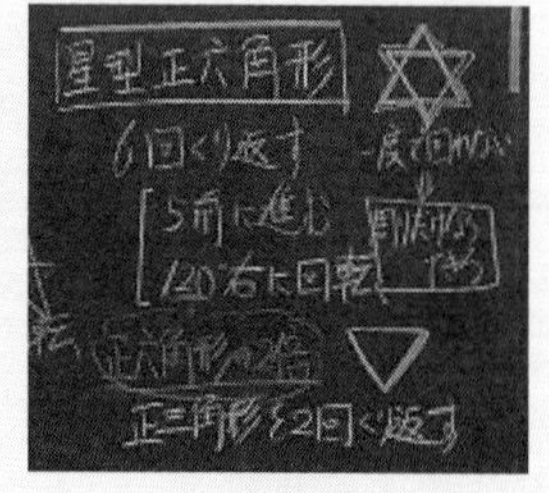

ある子どもが正五角形のプログラムの角度を２倍にすると，星型正五角形になることを見つけたのである。

「じゃあ，星型六角形もできる」と早速取りかかるが「あれっ，できない」という声が返ってきた。

「正六角形のプログラムの角度を２倍にして120°にしたら正三角形を２回繰り返しているだけになった。」

改めて星型六角形を観察してみると，星型五角形が簡単に一筆書きで書けるのに対し，星型六角形は正三角形を２つ，反対にして重ねたようになっている。

しかし，ここで子どもたちはあきらめなかった。

「星型の外側の部分だけなら一筆書きでかける。」

そう言って，今度は周りの線の部分だけのプログラミングを考え始めたのである。星型で図形の外側の線に着目して作図していくとは，想定していなかった。子どもたちが自ら課題を持ち，こちらの想定を超えて動き始めた場面である。

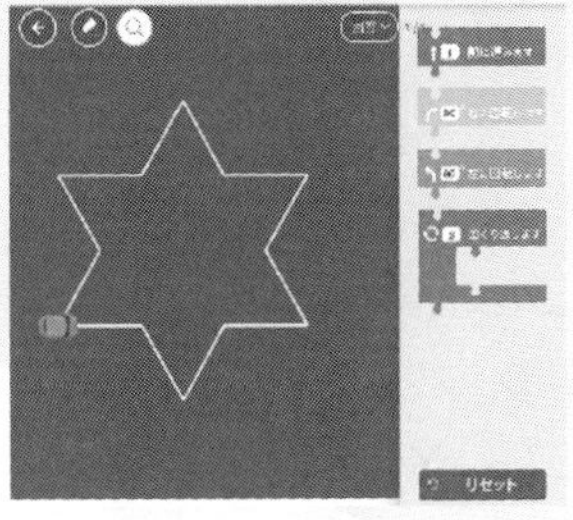

「できた。」

見事繰り返しを利用してきれいな星型六角形のプログラミングを完成することができた。思いの外シンプルなプログラムで作れることに驚き，みんなで共有する。

６回くり返す〔２前に進む→60°右に回転
→２前に進む→120°左に回転〕

「だったら，星型五角形でも外側の線だけの星を作ってみたい。」

きれいな星型が作れたことで，子どもたちの意欲がつながっていき，今度は星型五角形で考えてみることになった。各々ノートに図形を想像して描き，何度回転させるとよいか考えながらプログラミングを考えていった。

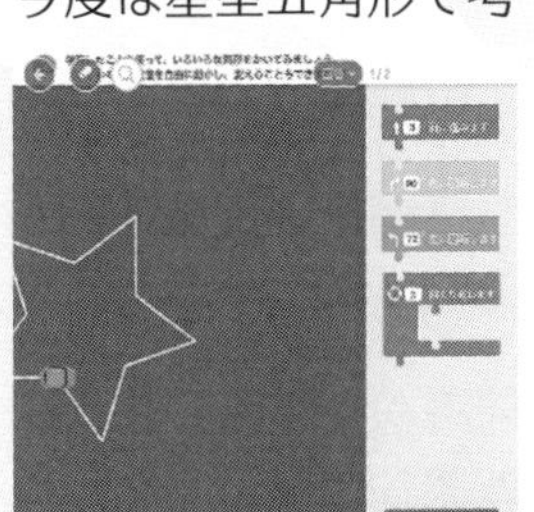

少しそれぞれで考えているところで，「できたかもしれない」という声が上がった。どんなプログラムで描いたのか紹介してもらう。

５回くり返す〔２前に進む→54°右に回転
→２前に進む→126°左に回転〕

他にもできたという子どもが出してきた図形を見比べることとした。

５回くり返す〔２前に進む→72°左に回転
→２前に進む→144°右に回転〕

「同じ星型五角形だけど，最初のほうが少し優しい感じがする」

子どもの面白い表現であるが，たしかに最初の星型五角形のほうは，正五角形に近くその分丸みを帯びた印象がある。後者の星型五角形が本来作りたかった図形であるが，同じ星型五角形にも種類があることがわかり，子どもも私も驚きのうちに授業が終わった。

星型六角形からの流れで子どもが発見したので，最初は２つの角度の和を180°にするといろいろな星型が作れるのかと考えたがそうではなかった。ここでは証明は省略するが，調べていくと星型六角形の場合は２つの角度の差を60°，星型五角形の場合は２つの角度の差を72°にするといろいろな種類の星型が作れることがわかった。

この実践は，子どもの意欲につきあって一緒に楽しみながら考えていった結果，新しい発見があった事例である。まだまだ坪田先生の素敵な実践には及ばないが，子どもと一緒に算数を楽しむ気持ちを大切にしてこれからも新しい算数の授業を創っていきたい。

6年　数と計算
分数÷分数

1 ねらい

分数÷分数の学習指導のねらいは，分数÷分数の計算の意味を理解し，計算の仕方を考え，計算をすることができることである。しかし，ここでいう計算の意味の理解は，単に問題場面がわり算の場面であるということではなく，また，計算の仕方を考え，計算をすることができることも，単に，面積図などを通して，割る数である分数の，分母と分子をひっくり返してかける計算の仕方を理解し，計算できるようになることでもない。大切なことは，問題場面や計算の意味を理解していく過程を通して，その意味と関連づけながら計算の仕方を創りあげていくことである。なぜなら，その創り上げていくプロセスにこそ，子どもに数学的な見方・考え方を育むませる大切な場面があるからである。

そのように考えたとき，そのねらいを達成するには，どの子どもにも無理なく問題場面や計算の意味が捉えられ，そして，その意味と計算方法の関係づけが容易にできる素材や場面である必要がある。熟考した結果，本実践では一般的には導入授業で扱われることが少ない「包含除場面」で導入する結果にいたった。というのも，包含除場面であれば，包含除の意味の捉えが，通分を活用しながら計算の仕方を創り上げていくという，素直で自然な子どもの姿を引き出すことが期待できると想定したからである。

2 教材，問題・場面設定について

【問題】 $\frac{4}{5}$Lのジュースがあります。そして，そのジュースを飲むための，$\frac{1}{5}$L・$\frac{1}{15}$L入る2種類のコップがあります。今日は，その2つのコップそれぞれで，$\frac{4}{5}$Lのジュースから何杯分取れるか調べます。

どのコップなら簡単に何杯分かを簡単に調べられそうですか。まずは1つ選んでみましょう。

このように，「包含除の意味」そのものに訴えかけ，数学的な見方・考え方が直接的に働く発問で，まずは単位分数がそろっている$\frac{1}{5}$Lが簡単であると判断できるかを追ってみることから始めることとした。

しかし，何の手立てもなしに，子どもたちの多くが，$\frac{1}{5}$Lが簡単であると判断できるわけはない。そこで，まずは，「$\frac{4}{5}$Lのジュースがあります。」という問題文を黒板に書いたところで，$\frac{4}{5}$Lのジュースの図をノートに書かせ，右図のように問題解決に活用する図をそろえることから授業を始めた。図をみれば，$\frac{1}{5}$Lのコップであれば，何杯分かは視覚で捉えることができる。これが包含除の意味である。ここから，計算の仕方につなげていこうと考えたのである。

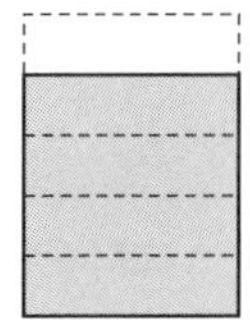

3 学びを深める問いの連続

$\frac{4}{5}$Lのジュースがあります。そして，そのジュースを飲むための$\frac{1}{5}$L・$\frac{1}{15}$L入る２種類のコップがあります。今日は，その２つのコップそれぞれで，$\frac{4}{5}$Lのジュースから何杯分取れるか調べます。２つのうち，どのコップなら簡単に何杯分かを調べられそうですか。１つ選んでみましょう。

$\frac{1}{5}$Lのコップ
(39人中39人が選択)

はてな

どうして$\frac{1}{5}$Lのコップだと，$\frac{4}{5}$Lから何杯分取れるか簡単にわかると思ったのかな？

考え❶

図から$\frac{4}{5}$Lの中に$\frac{1}{5}$Lは４杯分とわかる。

考え❷

式にすると，$\frac{4}{5}\div\frac{1}{5}$で，１つ分が$\frac{1}{5}$でそろっているから$4\div1=4$で，４杯分。

１杯分の大きさがそろっていない$\frac{1}{15}$Lは，$\frac{4}{5}$Lから何杯分取れるのかな？

１杯分の大きさをそろえればいい。
$\frac{4}{5}=\frac{12}{15}$

式にすると，$\frac{4}{5}\div\frac{1}{15}=\frac{12}{15}\div\frac{1}{15}$で，１つ分が$\frac{1}{15}$でそろっているから$12\div1=12$で，12杯分。

なるほど

１つ分の大きさがそろっていないときは，通分して単位分数をそろえれば，分子どうしを割る計算と考えられるね。

だったら

コップ１杯分の量が変わっても，同じように１つ分の大きさをそろえて計算できるのかな？

4 問いをつくる工夫

？を生み出すきっかけ

T：$\frac{4}{5}$Lのジュースがあります。

T：まずは，この$\frac{4}{5}$Lのジュースの図を長方形の形でノートに描くよ。ところで，ジュースが入っている容器は縦の長さは何マスにすればいいかな？

C：縦５マス。

C：５マスで１Lで，１マス$\frac{1}{5}$Lとしたから，４マス目で$\frac{4}{5}$Lになる。

T：１Lをもとにしたのですね。
横は何マスにする？

C：横は何マスでもいい。

T：それでは，横はとりあえず３マスにしておこうか。

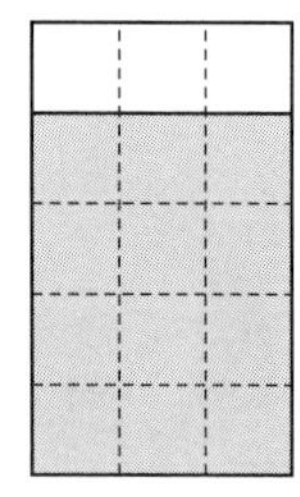

T：図がきまったので，問題をいいます。
$\frac{1}{5}$L・$\frac{1}{15}$L入る２種類のコップがあります。それぞれのコップで，$\frac{4}{5}$Lのジュースが何杯分取れるか調べたいです。
$\frac{1}{5}$Lと$\frac{1}{15}$Lのコップ，どちらが簡単に「何杯分」かがわかりそう？

T：$\frac{1}{5}$Lのコップだと思う人？（ほぼ全員挙手）

T：ほぼ全員ですね。どうして，$\frac{1}{5}$Lのコップだと何杯分を求めるのが簡単だと思ったのかな？

C：図に描いてある。

C：線を書けば分かる。

T：ノートの図に線を書き入れてみよう。

C：縦１マスが$\frac{1}{5}$Lの深さで１杯分ということだから，それが４マスあるから，４杯分。

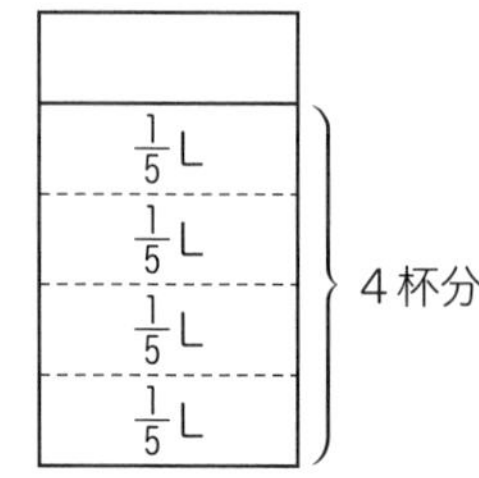

T：図から答えが求められましたね。ところで，この問題は計算で求められる？　何算かな？

まず，「$\frac{4}{5}$Lのジュースの図」をどのようにノートに表現するか考えることから学習を始める。
こうすることで，問題解決に用いられる子どもの図が共有されたものになり，以降の話し合いがスムーズに進むようになる。

$\frac{4}{5}$Lの図の縦を５ます分とすることで，子どもが$\frac{1}{5}$Lのコップを選択しやすくする。また，後の$\frac{1}{15}$Lのコップの問題解決につなげることを想定して，図の横は３ます分としておく。

なぜ，$\frac{1}{5}$Lのコップを選択した人が多かったのかを問いかけることで，？を生み出す。

まず，$\frac{4}{5}$Lは$\frac{1}{5}$Lの何杯分になっているかを，図をもとにして捉えさせる。

C：割り算。
C：$\frac{4}{5}$Lの中に$\frac{1}{5}$Lがいくつ入るかから。
T：なるほど。それでは，式はどうなる？

C：$\frac{4}{5} \div \frac{1}{5} = 4$

T：どうして？
C：$\frac{4}{5}$Lは$\frac{1}{5}$Lが4つ分で，コップは$\frac{1}{5}$Lは$\frac{1}{5}$Lが1つ分ということだから。
C：どちらも1つ分は$\frac{1}{5}$Lで同じだから，4つ分の中に1つ分がいくつ入るかを考えればいいんだから，4÷1＝4で4杯分といっていいから。

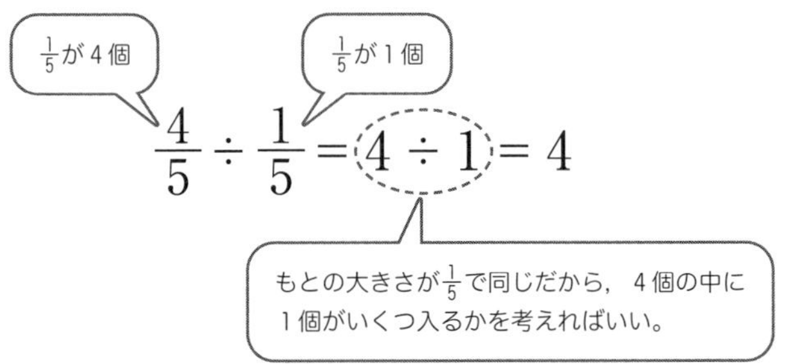

T：なるほど！　もとの大きさが同じなら，もとの大きさの個数で，割り算すればいいんだね。

どうして$\frac{1}{5}$Lのコップだと，$\frac{4}{5}$Lから何杯分取れるか簡単にわかると思ったのかな？

？？をつなぐ教師の役割

T：そうすると，1杯分の大きさが$\frac{4}{5}$Lのジュースとは異なる$\frac{1}{15}$Lのコップだと何杯分になるかを調べるのは無理そうですね。

1杯分の大きさがそろっていない$\frac{1}{15}$Lは，$\frac{4}{5}$Lから何杯分取れるのかな？

C：1杯分をそろえればいい!!
T：そろえるってどういうこと？
C：$\frac{4}{5}$Lの牛乳を$\frac{12}{15}$Lにするの！　そうすれば，もとがどちらも$\frac{1}{15}$Lに揃うでしょ。

$$\frac{4}{5} = \frac{12}{15} \quad (\times 3)$$

図を使って，「$\frac{4}{5}$Lからは，$\frac{1}{5}$Lを4杯分取れる」という答えが求められたところで，式化を促す。
図で表現した包含除の場面の捉えと関連づけながら，式の意味を説明できるようにする。

計算の仕方を説明する場面では，もとになる単位分数$\frac{1}{5}$がそろっていることに着目させ，「$\frac{1}{5}$の4個分の中から，$\frac{1}{5}$の1個分がいくつ取れるか」という包含除の意味から求答できることを見いださせる。

式の操作だけで単位分数を$\frac{1}{15}$にそろえて求答できたとしても，それは実感の伴わない理解となってしまう。
そこで，単位分数を$\frac{1}{15}$にそろえる考えが出されたら，その意味を$\frac{4}{5}$Lの図に表すよう促し，先ほどの問題解決と同様に視覚的にイメージできるようにする。

$\frac{4}{5} \div \frac{1}{5}$の式に意味と答えの求め方をおさえたところで，「$\frac{1}{15}$Lのコップでは，どうなるのかな」と投げかけ，**「単位分数がそろっていないときはどうすればいいのか」という問いの変容を促す。**

T：えっ，$\frac{4}{5}$Lの基が$\frac{1}{15}$Lになるの？　同じ大きさの分数では確かにそうだけど，図では基が$\frac{1}{5}$Lのままだから，よくわからないなぁ……。

?? から ！（なるほど）へ

（両手で縦線を2本引くようなジェスチャーをする子どもが数名いる。）

T：手のその動きは何？

C：線を2本引く。2本引けば，図に$\frac{1}{15}$Lが見える。

T：そうなの？　それでは，最初の図に2本の線を書き入れて，基の量が$\frac{1}{15}$Lになるように，ノートの図を書き換えてみましょう。

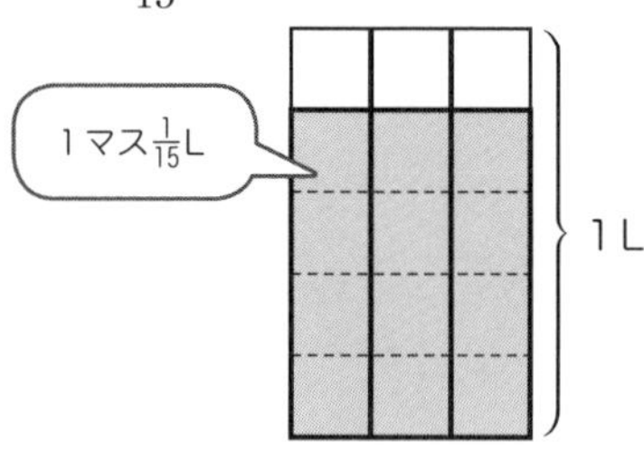

C：1Lが15等分されたから，1マスが$\frac{1}{15}$Lになった。

C：コップ1杯も$\frac{1}{15}$Lだから，12マス分で12杯だよ。

T：ホントだ！　式だとどうなるの？

C：さっきと同じだよ。どちらも1つ分を$\frac{1}{15}$Lで同じにすれば，12個分の中に1個分がいくつ入るかだから…。

$$\frac{4}{5}\div\frac{1}{15}=\frac{12}{15}\div\frac{1}{15}=12\div1$$

答え　12杯分

T：なるほど。1つ分の大きさが違っても，そろえればいいんだね。

なるほど！　1つ分の大きさがそろっていないときは，通分して単位分数をそろえれば，分子どうしを割る計算と考えられるね。

！（なるほど）から ！？（だったら）へ

T：1つ分の大きさが違ったら，通分してそろえれば，計算で求められるのですね。それでは，他の大きさのコップでもどのような配分になるかを調べられそうかな？　いろいろ試してみましょう。

だったら　コップ1杯分の量が変わっても，同じように1つ分の大きさをそろえて計算できるのかな？

> $\frac{4}{5}$Lを通分して，$\frac{12}{15}$Lとすることが図に表しやすいよう，授業の導入で$\frac{4}{5}$Lの図の横を3ます分の長さに設定しておいたのである。

> 単位分数が異なる場合は，通分して単位分数を揃えれば，包含除の意味から分子どうしを割る計算とみられることを，図と式を関連づけながら捉えさせる。

> 「だったら，コップ1杯分の量が変わっても…」という子どもの発言をもとに，さまざまな数値で分数÷分数の計算に取り組ませて習熟を図る。また，計算の仕方を図に表現させることで実感を伴った理解を促すようにする。$\frac{4}{5}$Lの図の横を何ますにすると，計算のしかたを図に表現しやすいか考えさせてもよい。

板書

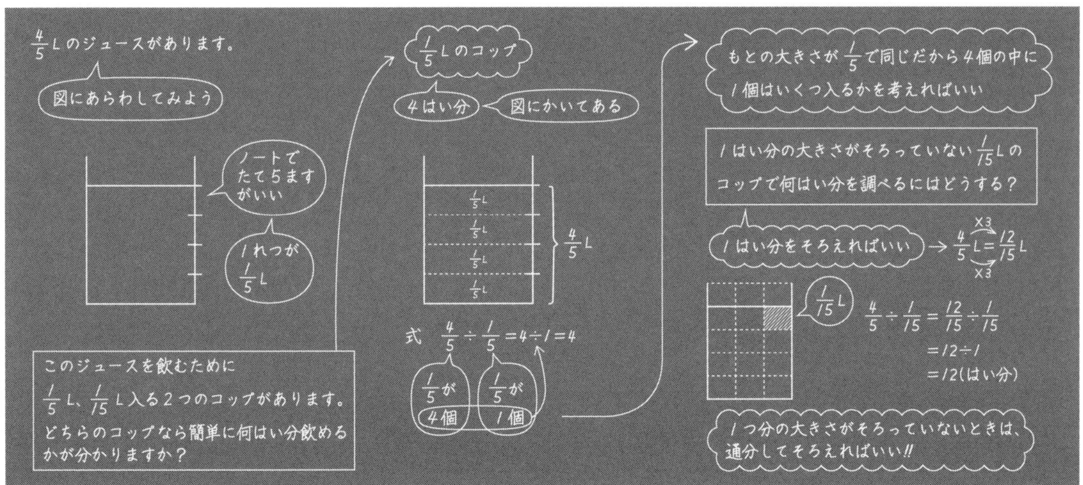

5 授業を振り返って

包含除で導入したことにより，誰もが簡単に図で表すことができ，しかも図から答えを見いだすことができた。しかも，見いだした包含除の式の意味を考えることで，「基の大きさが同じならば，“割られる数の分子の数の中に，割る数の分子の数がいくつ入るか”ということになる」という本実践の核心部分に，子どもたちの力だけで発見するにいたり，ほとんどの子どもがそのことを確かな理解することができた。

もしかすると，簡単な内容を丁寧過ぎるぐらい丁寧に進めていて，まどろっこしいと感じたかもしれない。しかし，このぐらい丁寧にゆっくりと授業を進めていかないと，気づきの早い子どもたちだけが活躍する授業になってしまい，全員の子どもで創っていく授業とはならない。つまり，全員に数学的な見方・考え方を育むことはできないだろう。

「全員で創る」。これが一斉授業の基本であると考える。

大野 桂

6年　対称な図形

『ある』に共通するものを見つけよう

1 ねらい

6年生の対称な図形では，図形を構成する要素どうしの関係に着目し，対称性という観点から図形の性質を考察していくことをねらいとしている。また，これまでに学習してきた図形も対称性という観点で捉え直し，その性質を日常生活に生かしていくこともねらいとしていきたい。本時で扱う線対称な図形については，３年生で二等辺三角形について学習するなど低学年から触れてきており，生活の中でも目にすることが多く，子どもにとって身近な図形である。そのことにより感覚的に均整のとれた美しさや，安定性を感じとっていることが多い。子どもの感じた感覚を大切にしながら，算数の用語を用いて表現していくことで，図形の理解を深め，図形に対する感覚を豊かにしていくようにしたい。

2 教材，問題・場面設定について

本時は，線対称の導入場面である。子どもたちと楽しみながら図形の性質について話せるよう，「あるなしクイズ」を用いて導入する授業展開とした。最初から図形の問題として提示するのではなく，漢字や絵など一見関係のなさそうなものから提示していく。そうすることで，どの子どもも気づいたことを自由に発言しやすくなる。最初は言葉の意味や発音などに着目して，「あるなし」の観点を考える子どもが多いが，途中から形に目を向けるようになってくる。早く気づいた子どもがいた場合には，ヒントとして他にどんなものがあるのか例示してもらうのもよい。

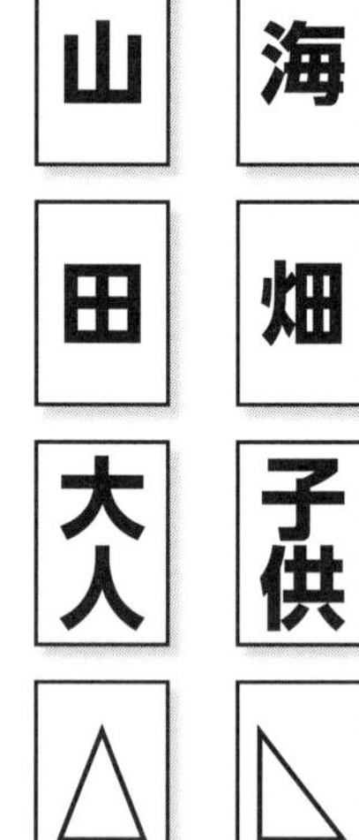

『ある』のグループは線対称な図形で，『対称の軸がある』ことに気づいた子どもには下のような図形を提示する。最初は，線対称に対して，

左右対称でしか見ていなかった子どもも，上下対称など，いろいろな向きで線対称な図形を捉えていくことができるようになる。

3 学びを深める問いの連続

「あるなしクイズ」をおこなう。
『ある』に共通するものを見つけよう。

書き方がヒントになる。

意味は関係ない。

はてな

「ある」の図形に共通して
隠れているものは何かな？

考え❶

2つに分けて左右対称になる。

考え❷

半分に折ったらぴったり重なる。

三日月の図形は，線対称といえるのかな？
いえないのかな？

横に折ればぴったり重なる。

対称の軸は横になってもよい。

なるほど

対称の軸は，縦だけでなく，横になってもいい。
円の対称の軸は，他にもたくさんある。

- だったら，アルファベットのDも線対称になりそう。

だったら

他に線対称になる図形は，
どんな図形があるのかな？

4 問いをつくる工夫

？(はてな)を生み出すきっかけ

T：今日は，「あるなしクイズ」をしていきたいと思います。『ある』のグループには共通するものがあります。それが何か探してみましょう。

ある　　　　　なし

海

T：まだ1枚では，わからないですね。

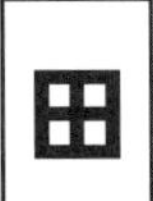

草

花

(子どもに紙を見せて，『ある』か『なし』かを予想させながら提示していく。)

「ある」の図形に共通して隠れているものは何かな？

C：わかった。

T：では，まだ気づいていない人もいるので，ヒントになることはいえるかな。

C：漢字の意味は関係ない。

C：書き方がヒント。

C：字の形がヒントになる。

T：なるほど。形に目をつけるのですね。
　　では，この『大人』はどうですか？

C：『ある』のグループ。

T：それでは，これはどうですか。

C：これは『なし』のグループ。

C：煙突がなかったら『あり』のグループになる。

C：仲間分けはわかるけど何があるかがよくわからない。

図形を順番に提示しながら，「ある」と「なし」について話していく。
発言のあった着眼点を板書に残し，学級全体で共有できるようにしたい。

提示する図形は,「山」と「海」のように対にすると子どもが発言しやすくなる。
「意味は関係ない」「形がヒントになる」など，問題になる着眼点を板書していく。

線対称か，そうではないかの仲間分けに気づいている子どもには, 何が共通して「ある」といえるのか考えさせる。

??をつなぐ教師の役割

T：では，『ある』に共通するものは何か聞いてみよう。
C：２つに分けて左右対称になる形。
C：半分に折ったらぴったり重なる形。
T：実際にどういうことか，やってみて。

> 紙を渡して実際に半分に折って重なる様子を体験させる。

T：『ある』のグループは，全て半分に折ったらぴったり重なりますね。このような図形を線対称な図形といいます。『ある』のグループの図形はどんな図形の仲間でしたか。
C：『ある』が線対称な図形で，『なし』が線対称でない図形です。

> 線対称の特徴についておさえる。

T：では，『ある』に共通して入っているものは何でしょう。
C：半分にした時の折り目。
T：そうですね。線対称な図形で，半分にしたときの折り目にあたる直線のことを対称の軸といいます。『ある』のグループには対称の軸がありますね。
C：そういうことか。

> 他の図形も，実際にぴったり半分に折らせる。折り目が縦に入り，その折り目を中心に，左右対称になっていることを意識させる。

T：それでは，他にも図形を見せていきますので，線対称な図形か，線対称でない図形か考えてみましょう。

> **対称の軸が縦にこないものを提示すること**で，子どもの考えをゆさぶる。

C：線対称。

C：線対称じゃない。

C：いや，やっぱり三日月も線対称かもしれない。
T：三日月も線対称だって思う人もいるみたいだけど，どうしてかな。

三日月の図形は，線対称といえるのかな。いえないのかな？

！から！？へ

C：横に紙を折るのではなくて，縦に紙を折ったらいい。

T：これまでに出てきたものは，全て対称の軸が縦になっているものでしたが，対称の軸は横になってもいいのかな。

C：紙の向きを変えて考えたのと同じになるから，横になってもいい。

図形を紙に書いて提示することで，紙の向きを変えるという発想を引き出しやすくする。 いろいろな図形の向きで，対称の軸を捉えられるようにする。

T：対称の軸は，縦だけとは限らないのですね。

C：だったら，(最初に『なし』のグループに入れていた)『D』も線対称になる。

T：どういうこと？

C：字体によっては，上下でぴったり重なる。

板書に残しておいた「なし」のグループや既習の図形に目を向けさせ，対称の軸に着目して，改めて振り返るようにする。

C：円の対称の軸も縦の他にもできる。

T：対称の軸が，たくさんある図形もあるのですね。円の対称の軸はどれくらいあるのかな。

C：無限にできる。

なるほど

！ 対称の軸は，縦だけでなく，横になってもいい。円の対称の軸は，他にもたくさんある。

だったら

他に線対称になる図形は，どんなものがあるかな？

T：今日は，「あるなしクイズ」を利用して新しく線対称な図形について学習してきました。他にも身の周りで線対称な図形になりそうなものはあるかな。

C：星型。

C：ひし形。

C：桜の花も線対称になる。

学習したことをもとに，身の周りにどんな線対称な図形がありそうか考えさせる。

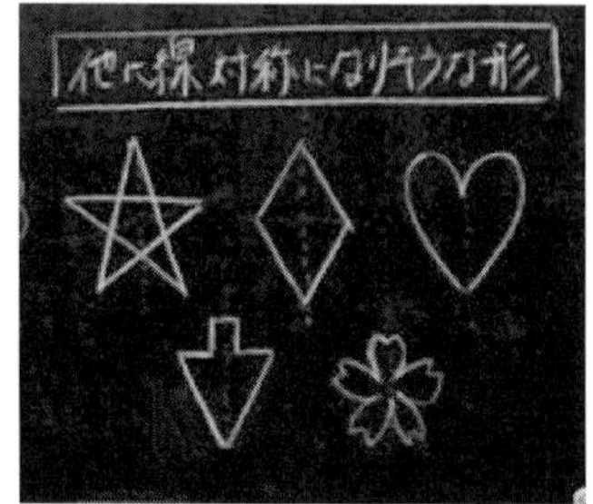

完成板書

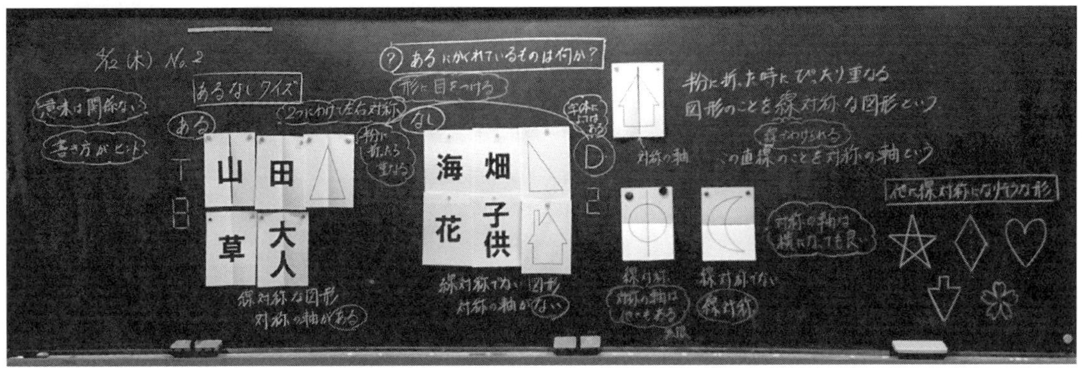

5 授業を振り返って

今回の線対称の導入では，６年生になって最初の単元ということもあり，ゲームの要素を多く取り入れて展開した。図形として捉えにくい漢字を多く扱い，あえて漢字の意味も「山↔海」「田↔畑」「大人↔子供」など，対になるような形で提示していった。６年生になると学力差も大きくなってくるので，単元や授業の導入では，どの子どもも学力に関係なく自由に発言できる工夫をして，子どもの素直なつぶやきが多く生まれるようにしていきたい。

「あるなしクイズ」に関しては，漢字が１文字の場合はなかなか気づかない子どもが多いが，２文字以上になると気づく子どもも増えてきて，今回出されたヒントの他にも「鏡」や「縦書きがポイント」など，形に目を向けたヒントが出てくるようになる。子どもから出たヒントを板書に残すことで，どこに着眼点をおいて考えていくとよいかが見えるようになり，まだ気づいていない子どもの手がかりとなっていった。

子どもにとって線対称な図形は身近に多くある図形であるが，対称の軸が縦にある左右対称に対して対称の軸が横にある上下対称や，対称の軸がななめにある場合などは，一見対称になっていることに気づかないことが多い。今回は，最初に子どもが気づきやすい左右対称になる形を扱って「あるなしクイズ」をおこなった。そのときに，早く気づいた子どもからのヒントとして，アルファベットの『Ｔ』にはあるが，『Ｄ』にはないというヒントが出てきた。この時点では，「あるなしクイズ」の観点は明らかにしていないので，左右対称な仲間か，そうでない仲間かと考えるとこのヒントも間違っていない。そこで，ここでは子どもが話したように板書に残しておいた。その後，線対称を学習し対称の軸の向きについても考察したことで，子どもから「だったら，さっきのＤは『ある』の仲間に入る。」という言葉が出てきた。新しく線対称という観点を手に入れたことで，これまでに出てきた図形についても改めて振り返ることができたのである。１つの授業の中で，子どもが図形を見る観点が変容している様子がわかった場面であった。

松瀬 仁

6年　変化と関係

比例の活用

1 ねらい

比例は$y = a \times x$，反比例は$y = a \div x$という式で表すことができる。aというのが定数といわれるもので，変化しない数である。xとyが変数といわれるもので，xが変化すれば，yが変化するという関係の数になっている。xを独立変数，yを従属変数という。

比例や反比例を使って問題解決ができるようになるためには，定数と変数の関係を見抜けるようになることが必要である。一見，比例か反比例かわからない場面がある。そういうときは，何と何が依存関係にある変数となっていて，何が定数になっているのかを正確に見いだすことができれば，比例や反比例を使うことができるようになる。

本実践では，同じ文脈の問題場面を扱いながら，定数と変数を入れ替えていくことで，「どういった場合が比例（反比例）になるのか」ということを考えるきっかけになるような授業になることをねらう。

2 教材，問題・場面設定について

【問題】　次の□のどこかに12を入れて，残りの2つの□の関係を調べましょう。
時速［①］kmで走る自転車で，［②］時間走った時の道のりは，［③］kmです。

本実践は，反比例の導入における2時間分の実践である。前時でも同じ文脈の問題場面を扱い，①と②に定数の12を入れた場合に，その他の2つの□の関係を調べてきている。①と②に12を入れた場合は，他の2つの□の関係は，既習である比例の関係になる。

反比例の導入では，③の□に12を入れる。①と②に12を入れたところ，ともに他の2つの□の関係が比例になっていたので，子どもたちは，③に12を入れても①と②の□の関係は比例になると予想を立てていた。しかし，③に12を入れてみると，①と②の□の関係は比例にならない。そこで，子どもの中に「?（はてな）」が生まれるのである。

比例の学習において，変化の様子を表やグラフに表すとわかりやすくなることは理解しているので，①と②の□の関係を表やグラフを使って調べ始める。すると，今までに見たことがない関係が見えてくる。同じ場面なのに，定数を変えるだけで，比例と反比例の関係が見えてくる。定数と変数の関係がどのようなときに比例と反比例になるのかを意識するきっかけになるはずである。

3 学びを深める問いの連続

「時速 ① kmで走る自転車で，② 時間走った時の道のりは，③ kmです。」
③に12を入れた時の，①と②の □ の関係を調べましょう。

①と②の□に12を入れたときも比例になったから，今回も比例になるだろう。

①と②にいくつか数を入れて調べてみよう。

はてな

道のりが決まっているとき，時速と時間の関係が比例にならないよ。どんな関係になっているのかな？

考え❶

式に表してみるとわかるかもしれない。

考え❷

式だけでなく，表やグラフに表すともっとよくわかると思う。

道のりが決まっているとき，時速と時間の関係を調べるには，どんな方法を使えばいいかな？

①と②に12を入れたときの式と比べてみよう。

表やグラフも比べてみよう。

なるほど

※ここから第２時
比例と反比例のときは，式が違うんだね。

- y ＝決まった数×x のときが比例，y ＝決まった数÷x のときが反比例になる。

だったら

他の変わり方の関係も，式の形を調べれば比例や反比例の関係になっているかわかるかな？

4 問いをつくる工夫

？(はてな)を生み出すきっかけ

「時速 ① kmで走る自転車で， ② 時間走ったときの道のりは ③ kmです。」

T：昨日，①と②に12を入れてやってみましたので，今日は③に12を入れて，①と②の □ の関係を調べてみましょう。

C：①と②に12を入れたときも他の２つの □ の関係は比例になったから，きっと③に12を入れても，他の２つの □ の関係も比例になるよ。

C：あれ？比例にならないな。

はてな　道のりが決まっているとき，時速と時間の関係が比例にならないよ。どんな関係になっているのかな？

T：比例にならないようですね。どうやって調べればわかりそうですかね？

C：今まで式にしてきたから，式に表してみるとわかるかもしれない。

C：式だけだとわからないから，表にしてもいいと思う。

C：あと，グラフも使うといい。

C：表やグラフで表せるのかなぁ？

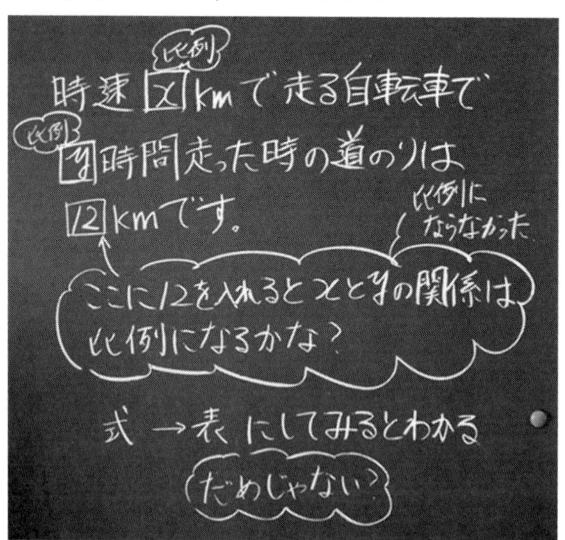

前時では，本時と同様の文脈で，時速や時間が決まっている（定数）とき，時速と道のり，また時間と道のりは比例の関係にあることを扱っている。
本時では，道のりを定数とすることで，**多くの子どもが「今度も比例の関係になるだろう」と予想する**。しかし，実際には比例関係にならないというずれが生じ，？(はてな)が生み出される。

これまでに比例の特徴を調べるために，どのような方法を使ってきたか想起させ，数量の関係を表や式，グラフに表して調べたいという思いを引き出す。

？？をつなぐ教師の役割

C：①の □ を x，②の □ を y とすると，$x \times y = 12$ という式で表すことができます。

C：表にすると，こうなりました。

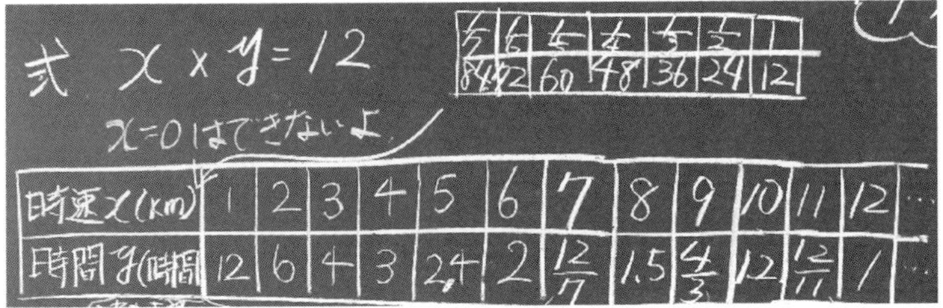

C：表を書いても，よくわからないなぁ。

C：グラフに書いてみるとわかるんじゃないかな。

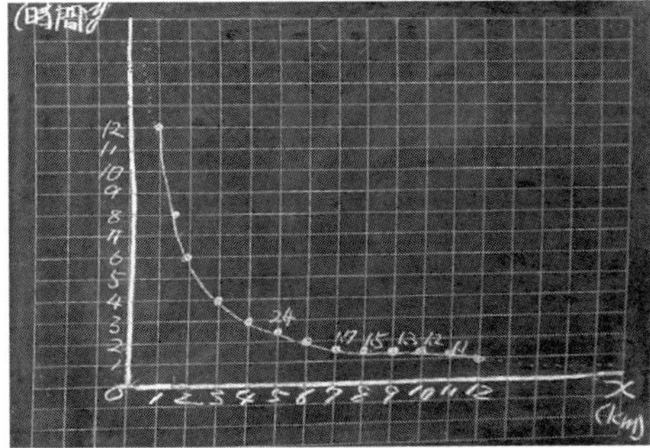

C：なんか，比例と違うグラフになった。

C：でも，どうして比例にならないんだろう？

？？ 道のりが決まっているとき，時速と時間の関係を調べるには，どんな方法を使えばいいかな？

T：比例のときは，どんな式になりましたか？

C：□ × $x = y$ という式になりました。

T：比例のときは，□ の中にいつも決まった数が入りましたよね。この場合，□ には決まった数が入るかな？

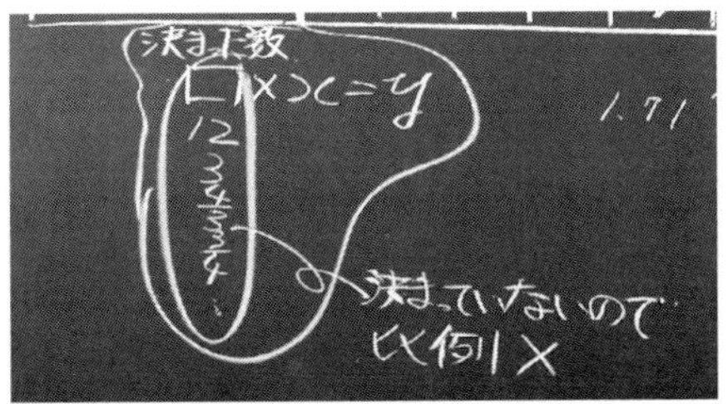

C：入らない。いろいろな数が入ってしまう。

C：だから比例にならないんだね！

反比例の特徴を明確にするために，時速に1，2，3，……と数値をあてはめて，数量の関係を表や式，グラフに表す。
そのうえで，比例の式では定数になる数が，本時の関係では一定の数に決まらないため比例ではないことを明確にし，次時につなげる。

第１時の板書

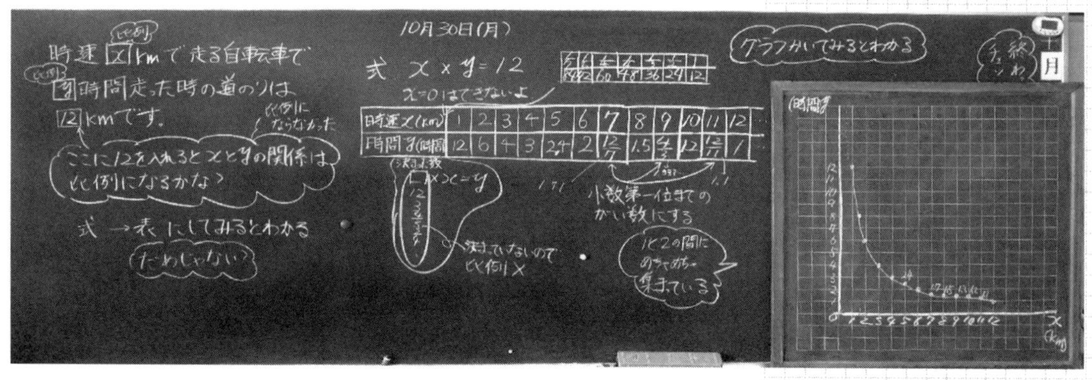

10月30日(月)
時速 x kmで走る自転車で
y 時間走った時の道のりは
12 kmです。
ここに12を入れると x と y の関係は
比例になるかな？
比例にならなかった
式 → 表にしてみるとわかる
だめじゃない？
式 x × y = 12
x=0はできないよ
グラフかいてみるとわかる
小数第一位までのがい数にする
比例×
月

※ここから第２時

T：今まで学習してきた比例の関係と，前回調べた関係は，式で表すとそれぞれどんな式になりましたか？

C：比例のときは，$12 \times x = y$ や $x \times 12 = y$ となりました。

T：12は他の問題では数が変わってしまうので，「決まった数」とします。すると，どちらも「y ＝決まった数 × x」という式で表すことができますよね。この式で表すことができる x と y の関係を「y は x に比例する」といいます。

T：前回調べた関係はどんな式になりますか？

C：「$x \times y$ ＝決まった数」になります。

T：そうですね。比例のときと式の書き方をそろえて書くと，「y ＝決まった数 ÷ x」という式で表すことができますね。この式で表すことができる x と y の関係を「y は x に反比例する」といいます。

比例と反比例の式を比較し，定数と変数の位置の違いを板書で整理する。

なるほど

比例と反比例のときは，式が違うんだね。

C：比例と反比例を考えるときは，どちらの式になっているのか考えるとできそうだな。

T：他にはどんな違いがありますか？

C：比例のときは x が２倍，３倍，４倍…となると，y も２倍，３倍，４倍…となるけれど，反比例のときは，y が $\frac{1}{2}$ 倍，$\frac{1}{3}$ 倍，$\frac{1}{4}$ 倍…になっている。

C：比例のグラフは同じ傾きの直線で，反比例のグラフは曲線になっているな。

前時で調べた表やグラフをもとに，比例と反比例の変化の様子やグラフの形の違いについても対比しながらまとめていく。

本時では扱っていないが，同じ面積の長方形のたてと横の長さの関係を調べるなど他の反比例の場面を経験させ，反比例のイメージを豊かにする。

だったら

他の変わり方の関係も，式の形を調べれば比例や反比例の関係になっているかわかるかな？

第２時の板書

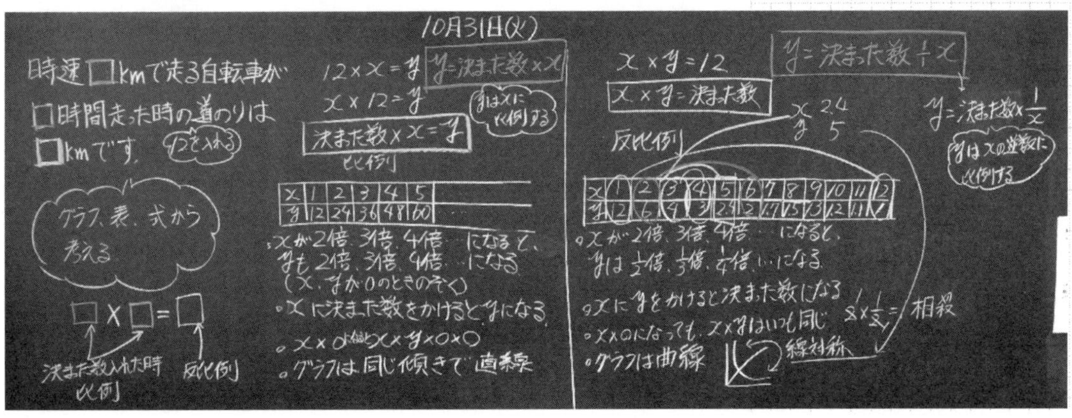

5 授業を振り返って

比例や反比例を知識として覚えることは難しいことではない。$y=a\times x$や$y=a\div x$という式を覚えるだけである。しかし，それでは比例や反比例を理解したとはいい切れない。

小学校学習指導要領解説算数編には「第６学年では，比例の関係の意味や性質，比例の関係を用いた問題解決の方法，反比例について知るとともに，日常生活において，伴って変わる二つの数量を見いだし，それらの関係に着目し，目的に応じて表や式，グラフを用いて変化や対応の特徴を考察し，問題を解決する力を伸ばしていくことをねらいとしている」と示されている。知識として覚えるのではなく，問題解決や日常生活でも比例や反比例を使えるようにすることを目指しているのである。そうであれば，比例と反比例の場面を比べ，定数や変数の関係を子供が調べる活動が不可欠になる。本実践では，比例と反比例を同時に扱う文脈の問題場面を用意することで，「比例だと思ったけれど，違う」というずれを引き起こしたり，「同じ場面なのに，どうして比例にならないのか」という疑問をもちやすくしたりした。そうすることで，自ら定数や変数の関係に目を向けられるようになると考える。

また，小学校学習指導要領解説算数編には「ここで育成される資質・能力は，中学校第１学年の比例，反比例をはじめとする中学校の『関数』領域の考察や，中学校の理科での考察に生かされるものである」とも述べられている。中学校以降，関数というのは定義を覚えて問題を解いて終わりとしてしまう生徒も多くなることが予想される。しかし，それでは関数は暗記するものという間違った理解をしてしまう。定義が成り立つための，定数と変数の関係をいつも意識することで，関数の理解は深まっていく。そういった姿勢を，関数の入り口の学習において経験させることは，間違いなく重要なことである。

加固希支男

【参考文献】小学校学習指導要領算数編（2017）文部科学省，P300－301

6年　データの活用
データの見方／代表値

1 ねらい

小学校学習指導要領解説算数編には,「第６学年では，目的に応じたデータの収集や分類整理，表やグラフ，代表値の適切な選択など，一連の統計的な問題解決をできるようになることや，結論について批判的に捉え妥当性について考察することができるようになることがねらいである」と書かれている。

データの活用において，どの学年においても重視すべきことは「目的」である。やみくもにデータを集めたり，表やグラフに表して結論を導いたりしても,「目的」に適したものでなければ価値はなくなってしまう。

また，６年生においては,「結論について批判的に捉え妥当性について考察すること」が求められる。「目的に適した結論になっているのか？」ということについて，子どもが考える姿が大切である。

2 教材，問題・場面設定について

本時では，データの活用において最も大切な「目的」の重要性について，子どもが気づけることをねらいに授業を行った。扱った問題は以下のようなものである。

【問題】 100m走の代表をＡ君とＢ君のどちらか１人決めます。10日間２人の記録を取りました。10日間の記録をもとに，100m走の代表を１人決めましょう。

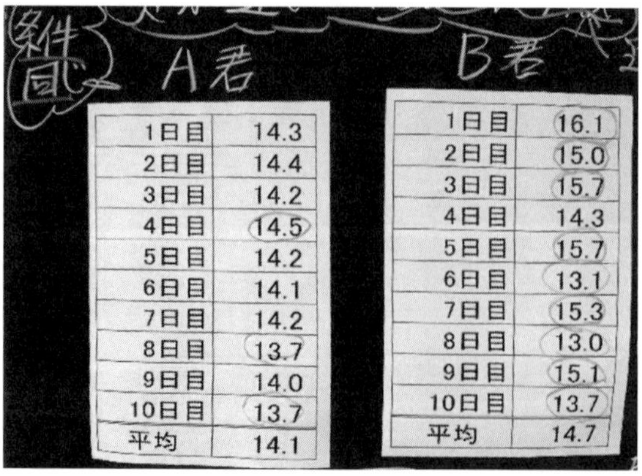

最初，10日間の記録と平均タイムを付箋で隠しておき,「何日目のタイムが見たい？」「何日目とかではなくて，１番速かった日のタイムを教えてほしい」などのやり取りをしながら，子どもが見たい日の付箋を外していった。そうすることで，最大値や平均値などの観点が自然と子どもから出るようにした。

また，Ａ君とＢ君のタイムを計るときの天候やグランドコンディションなどの条件は同じとすることも共有した。

A君

1日目	14.3
2日目	14.4
3日目	14.2
4日目	14.5
5日目	14.2
6日目	14.1
7日目	14.2
8日目	13.7
9日目	14.0
10日目	13.7
平均	14.1

B君

1日目	16.1
2日目	15.0
3日目	15.7
4日目	14.3
5日目	15.7
6日目	13.1
7日目	15.3
8日目	13.0
9日目	15.1
10日目	13.7
平均	14.7

3 学びを深める問いの連続

100ｍ走の代表をＡ君とＢ君のどちらか１人決めましょう。

１番速かった日のタイムを教えて！

平均タイムを教えて！

100ｍ走を代表を１人選ぶならば，Ａ君とＢ君のどちらがいいのかな？

考え❶

13秒台の回数で決めたらいいと思う。

考え❷

13秒から0.5秒ずつ区切って，どのくらいのタイムが何％ぐらい出ているのかを見て判断するといい。

みんなが納得できるように１人の代表を選ぶには，どのような観点で決めればいいのかな？

この大会の優勝タイムはどのくらい？

優勝を狙うの？それとも入賞でいいの？

優勝を狙うならばタイムが速いＡ君，入賞を狙うならばタイムが安定しているＢ君を選べばいい。

- どちらを選ぶかは，どのような大会になっているかや，何を目的にしているかで変わるな。

どのような大会で，何を目的にするかを自分で想定して，２人のうちどちらを代表に選べばいいか結論を決めてみよう。

4 問いをつくる工夫

？（はてな）を生み出すきっかけ

A君		B君	
1日目	14.3	1日目	16.1
2日目	14.4	2日目	15.0
3日目	14.2	3日目	15.7
4日目	14.5	4日目	14.3
5日目	14.2	5日目	15.7
6日目	14.1	6日目	13.1
7日目	14.2	7日目	15.3
8日目	13.7	8日目	13.0
9日目	14.0	9日目	15.1
10日目	13.7	10日目	13.7
平均	14.1	平均	14.7

一定のタイムをキープする例と，タイムの差が大きい例を示して，数の解釈について考えさせる。

T：A君を代表に選んだ理由は何かな？

C：平均タイムを比べてみると，A君が14.1秒，B君が14.7秒。だから，A君を代表にした方がいいと思います。

C：13秒台を出すと，いいタイムだと思うから，13秒台の回数を調べてみました。すると，A君が2回でB君が3回。だから，B君の方がいいと思う。

C：A君はだいたい一定のタイムだけど，B君は差が激しい。同じ日数で考えているんだから，もっと総合的に考えた方がいいと思う。

Ａ君とＢ君のどちらを代表にするかという結論だけでなく，なぜ選んだのかの理由も説明させる。
代表を選んだ観点が明確になるとともに，２人の記録をどのような観点で分析するかによって，結論が変わってくることに着目させる。

？（はてな） 100m走の代表を１人選ぶならば，Ａ君とＢ君のどちらがいいのかな？

「100m走の代表を１人選ぶ」という**子どもにとって身近な目的意識**を共有し，？（はてな）を生み出す。

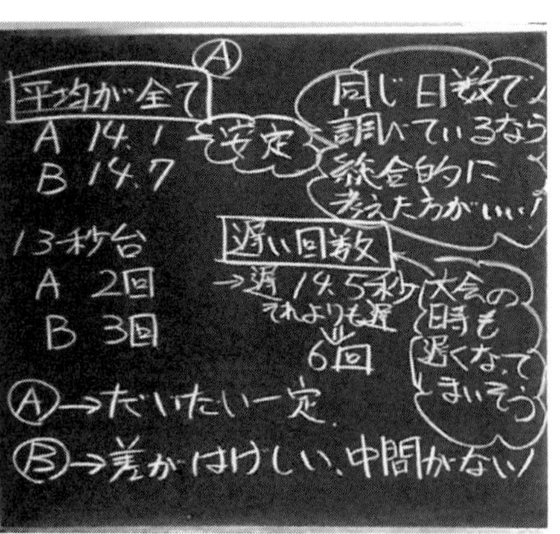

C：15秒未満のタイムの回数は，A君は100％で，B君は40％しかない。

C：１番速いタイムで比べると，A君は13.7秒で，B君が13.0秒だから，B君が速いことになる。

C：でも，もしB君が代表になって，大会のときに遅いタイムが出てしまったらよくないから，やっぱりA君ではないかな？

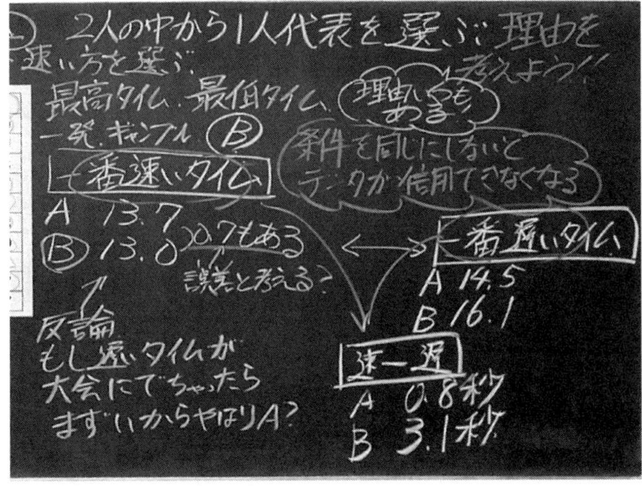

？？をつなぐ教師の役割

T：みんなの理由を聞いていると，平均タイムや15秒未満の回数の割合だとA君で，１番速いタイムや13秒台の回数で判断するとB君になるということですね。ということは，何を理由にするかで判断が変わってしまうということなのですね。

観点が変わると，判断も変わってしまうことに着目させる。そのために，A君を推す理由，B君を推す理由を整理して示す。

C：だから，結論が決まらない。

C：でも，どちらか選ばないといけないよ。

C：ちなみに，この大会は，優勝するにはどのくらいのタイムが必要な大会ですか？

T：どうしてそれが知りたいと思ったの？

「優勝するためには」という目的を確認する。
もし子どもから目的に関する発言が出ない場合は，**「みんななら，大会に出て優勝したい？　それとも入賞でいい？」という発問をして，目的を意識させる。**

？？ みんなが納得できるように１人の代表を選ぶには，どのような観点で決めればいいのかな？

C：だって，13.5秒を切るような人がたくさん出る大会だったら，B君を出さないと優勝できないし，もし14秒ぐらいだったら，安定したタイムが出せるA君を出した方がいいから。

C：あと，優勝を狙っているのか，入賞を狙っているかによって代表の選び方が違ってくる。優勝を狙うなら，速いタイムがいいＢ君だけど，入賞を狙うなら，安定的にタイムが出せるＡ君の方がいい。

T：なるほど。ということは，目的や大会の条件によって選ぶ人が変わってきてしまうということですね。

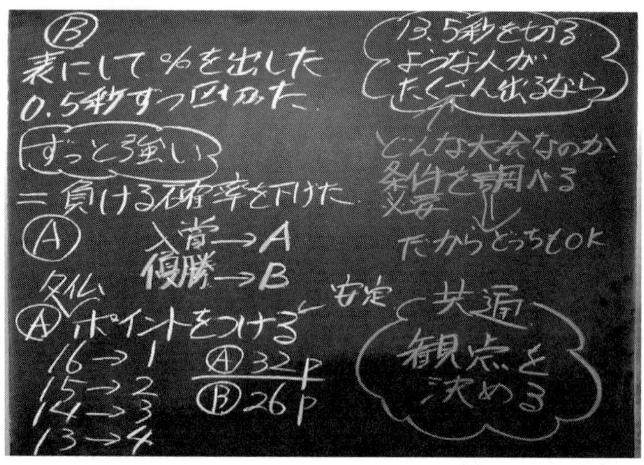

T：もし入賞狙いだったらどちらを代表にしますか？

C：どんな大会かわからないけれど，安定してタイムを出せるＡ君だと思う。

T：優勝狙いなら？

C：Ｂ君。

C：でも，今の段階では，大会の条件がわからないから，どっちでもＯＫということになっちゃう。

これまでの議論を振り返り，大会の目的を踏まえたうえで，Ａ君とＢ君のどちらを代表にするればよいか説明できるようにする。

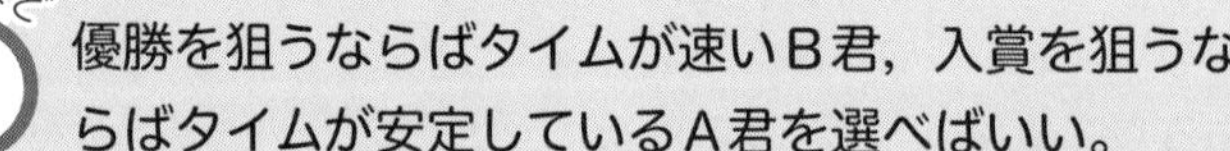

なるほど

優勝を狙うならばタイムが速いＢ君，入賞を狙うならばタイムが安定しているＡ君を選べばいい。

T：大会の優勝タイムや入賞タイムは，とくに設定しませんでした。だから次の時間に，自分で「もし，この大会が～だったら」と大会に関する条件と，「優勝と入賞どちらを狙うのか」という目的を決めて，Ａ君とＢ君のどちらを代表にするか考えて決めてください。

C：Ｂ君が優勝するためなら，どんな条件になるかな？

大会の条件（優勝，入賞タイム）や目的（何を狙うか）を子どもに想定させ，自分だったらＡ君とＢ君のどちらを代表に選ぶかを発展的に考えさせる。

だったら

どのような大会で，何を目的にするかを自分で想定して，２人のうちどちらを代表に選べばいいか結論を決めてみよう。

第１時の板書

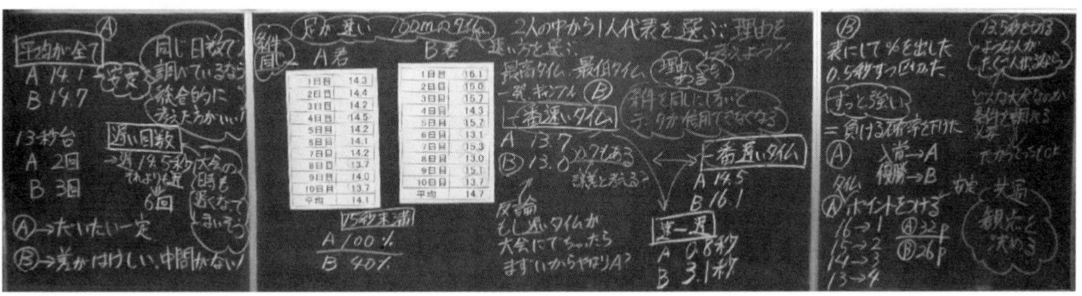

5 授業を振り返って

最初に述べたように，データの活用において重視すべきは「目的」である。裏を返せば，子どもが目的の重要性を感じられるような授業をしなければならない。

通常，データの活用の授業においては，最初に目的が設定される。目的が設定されなければ，どんなデータを収集し，どのような表やグラフにすればよいか判断できないからである。しかし，目的があることがあまりにも当然なため，目的の重要性を感じないまま単元が進んでいってしまう。

本時のように，目的の必要感を子どもが感じられるような展開にすることによって，「何かを判断するためには，目的が必要なのだ」ということを子どもに感じさせることが可能になる。また，「優勝狙いか入賞狙いか」のように，目的自体を子どもに選ばせることで，さらに目的に関する意識を高めることにつながっていく。すると「結論について批判的に捉え妥当性について考察する」という６年生で求められる姿も自然と現れてくるのである。

さらに，大会の条件についても，子どもに決めさせることで，「条件が違うと，判断が変わってくる」ということを理解することにつながっていく。

本時は単元の導入で行った授業である。第２時では，子どもが大会の条件と目的を決めて，Ａ君とＢ君のどちらを代表にするのかを決める授業を行った。以下，第２時の板書である。

発想の源を問う

東京学芸大学附属小金井小学校　加固 希支男

色々な先生とお話すると,「私のクラスは学力差があり，すぐに答えを出してしまう子どもと，いつまでもできない子どもとで分かれてしまい，うまく授業ができない」ということをよく耳にします。どんなクラスでも，そういうことは起きていると思います。

先行知識がある子ども，論理的思考力が高まっている子ども，既習事項とのつながりを自然と意識できる子ども，そういった子どもが先に問題を解決できるということを変えることはできません。そして，それを否定することもできません。しかし，問題を解決できなかった子どもを放っておくこともできません。では，どうすればよいのでしょうか？

まずやるべきことは「答えを出すための授業からの脱却」です。「どうしてそうなるのか？」という理由を問う算数の授業にしていくことからが始まりです。答えを形式的に出せる子どもは多いですが，解法を説明できる子どもは多くはありません。ですから,「わかる＝説明できる」という認識を子どもがもつと，多くの子どもが参加できる授業にしていくことができます。そうなると,「答えが出て終わり」という授業にはならないと思います。

しかし,解法の説明ができるようになってくると,これもまた二極化が始まっていきます。「説明できる子どもとできない子ども」に分かれていくのです。算数の授業を変えたいと思っているのに，変えられないでいる先生方の多くは，ここで苦労されているのではないかと感じています。私も同じです。

「どうして説明できる子どもとできない子どもに分かれてしまうのか」ということを考えてみると，理由が見つかってきました。結局は「自分で解法が見つけられなかった」ということに尽きるのです。「そんな当たり前のことか」と思うかもしれませんが，自分で解法を見つけることができた子どもでなければ，論理的な説明など絶対にできません。もちろん，積極性のあるなしはあります。しかし,自分から挙手できなかったとしても,こちらから「説明できる？」と声をかけてあげれば説明できる状態になれば，少しずつ自分からも説明しようとするようになるでしょう。

では，どうしたら自分で解法を見つけられる子どもにできるのでしょうか。その答えの１つに「発想の源を問う」ということがあると考えています。

単元の導入では，新しい概念に出会うことが多いので，自分で解法を見つけられる子どもは多くはありません。既習事項とのつながりを意識することも難しいものです。しかし，単元の導入段階で，自分で解法を発見できなかった子どもでも，単元が進むにつれて，自分で解法を見つけ，説明できるようにさせたいと考えたのです。

自分で解法を見つけられない子どもの共通点に,「問題を解決するために，どこから手をつけていいのかわからない」ということがあります。問題を解くための着眼点が見つからないのです。わかりやすい言い方をすれば,「ひらめきが生まれない」とも言い換えることができるでしょう。問題を解くための着眼点を多くの子どもにもたせるために，「発想の源を問う」ことが効果的なのです。

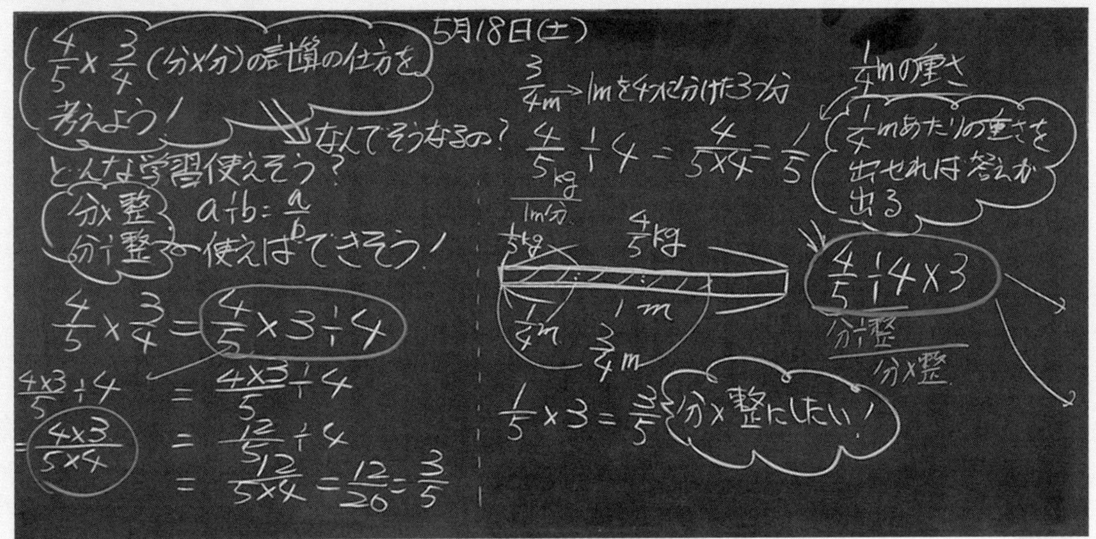

上の板書の写真は，６年生で分数×分数の導入を行った際のものです。問題場面としては，「１mで$\frac{4}{5}$kgの棒があります。この棒$\frac{3}{4}$mの重さは何kgでしょうか」というものです。分数×分数の計算を形式的に解ける子どもは多くいます。しかし，「どうしてそうやって計算をするのか？」ということを説明できる子どもは多くはありません。

いくつか解法が出された際，発想の源を問いました。板書の左側にある解法は，「$a \div b = \frac{a}{b}$」という既習を使い，式変形をした解法です。ここで「どうして$a \div b = \frac{a}{b}$を使おうと思ったの？」と発想の源を問うてみると，「分数×整数や分数÷整数を使えばできそうだと思ったから」という，解法の着眼点が言語化されました。

次に，板書の右側にある解法について説明してもらいました。この解法は，具体的な場面に落として考えている解法です。$\frac{1}{4}$m分の重さを出して，それを３倍することで，$\frac{3}{4}$mの重さを出すという解き方です。ここでも，「どうして$\frac{1}{4}$mの重さを出そうと思ったの？」という発想の源を問いました。すると，「$\frac{1}{4}$mあたりの重さを出せば，答えが出ると思ったから」という反応がありました。ここで終わらせず，「$\frac{1}{4}$mあたりの重さを出せば，どんな計算になるのか？」ということを考えさせ，結局は，分数×整数や分数÷整数の形にできることを共有しました。

授業の最後に，分数×分数の計算を考える際の共通する考え方を問いました。すると，「分数×整数や分数÷整数にする」という考え方が明確になりました。

発想の源を問うことで，問題を解くときの着眼点が言語化されます。言語化されると，説明を聞いている子どもも「何から手をつければいいのか」という着眼点が理解できるようになります。また，授業後半で「共通する大事な考え方」についても考えやすくなります。そうなると，次の時間や系統性のある単元において，多くの子どもが「前の学習ではこうやったから，次も同じようにできるかな？」という着眼点をもって取り組むことができ，自分で解法を見つけられる子どもが増えていくのです。

実際，分数÷分数の学習では，多くの子どもが「どうやって分数×整数，分数÷整数にしようか？」という着眼点をもち，考える姿が見られました。

執筆者一覧

明星大学　**細水 保宏**

「算数好きを増やす！」が私のライフワークです。数量や図形の不思議さを発見したり，算数のよさや美しさ，考える楽しさを味わったりできる授業を子どもと一緒に創っていきたいと考えています。教師の授業力（授業観，教材研究力，学習指導力，人間性）が子どもに大きく影響することを考えると，「知的好奇心と学びを楽しむ心」を持ち続け，「笑顔とちょっとした一言」で子どもの動きに価値づけることができる教師になりたい，なってもらいたいと思っています。

お茶の水女子大学附属小学校　**岡田 紘子**

日常生活の中には，問題となる「？（はてな）」がたくさんあります。「？」を見つける力，そして算数を使って「！（なるほど）」と解決する力を，子どもたちに育んでいきたいです。そして，何より「算数って楽しいな」「算数って便利だな」と算数を学ぶ過程を教師も子どもも楽しみながら，算数の授業を作っていきたいと考えています。

暁星小学校　**山本 大貴**

子どもの頃から「数」に魅了され，切符や車のナンバーに書かれた４つの数で10を作る遊びをしていました。今でも，「数」を見ると，何か面白いことはないかと考えています。授業の始まりには，ジャマイカを使って，子どもたちと数遊び対決もしています。私が思い浮かばない式を子どもたちから教えてもらうと，刺激を受けます。知識を教えるのではなく，子どもたちと楽しみながら，考えを深めたり，作りあげたりすることが大切だと思います。

筑波大学附属小学校　**大野 桂**

「試行錯誤をしていたら，これまでは気づきもしなかったことが見えてきて心が躍る」。「仲間の話を聞いていたら，自分では想像つかないことを考えていたことを知り，感嘆する」。「解決ができず悩んでいると，仲間がともに悩み，ともに考えてくれた。そのことに安心感と勇気を得る」。そんな子どもの心の動きに触れたくて，心の動きの中にある子どもの算数に触れたくて，日々，授業をしています。

筑波大学附属小学校　**盛山 隆雄**

算数の面白さは，問題を解くことにあります。最初はよくわからなかったのに，ある視点で見たら解き方がパッと見えてくる瞬間があります。その「ある視点で見ること」が数学的な見方です。その視点によって働く考え，それが数学的な考え方です。問題を解く面白さを味わわせながら，数学的に考える力をつけることをモットーに，子どもたちと楽しく数学的活動に励んでいます。

北海道教育大学附属札幌小学校　**瀧ヶ平 悠史**

算数が苦手だった自身の経験を基に，子どもたちのつまずきを何より大切にして，日々の授業を子どもと共に楽しんでいます。

子ども一人一人の「どうしたいか」という思いや見方・考え方というものは，ふとした表情やちょっとしたつぶやきにも表れるものです。そんな子どもの表現を大切にして，学級みんなでそれを紡ぎながら作る学びを目指していきたいと思います。

聖心女子学院初等科　**松瀬 仁**

算数が得意・不得意に関係なく，みんなが楽しいと思って参加できるような授業を目指しています。そして，解き方を覚えるのではなく，自ら考えて導き出していくことで，これからの新しい時代を切り開いていく人になっていってほしいと思っています。そのためにコンピュータなどのICT機器も活用して，新しい授業づくりにもチャレンジしていきたいです。

東京学芸大学附属小金井小学校　**加固 希支男**

算数は難しい学習でもあります。学年が上がるにつれて，難易度は高まっていきます。だからこそ，授業は楽しくやることが大事だと思っています。時には算数と関係ないことも話しながら，クラスの雰囲気を軽やかにする必要があると思っています。そして，何でも言いやすい雰囲気を作り，子どもたち自身が新しい知識を創り出すような算数の授業を目指していきたいと思います。

「はてな？」「なるほど！」「だったら!?」でつくる算数授業
問いの連続が生み出す「主体的・対話的で深い学び」

2021年9月16日　第1刷発行

著　者　細水　保宏　　大野　桂
岡田　紘子　　加固希支男
盛山　隆雄　　瀧ヶ平悠史
松瀬　仁　　山本　大貴

発行者　伊東千尋

発行所　教育出版株式会社
〒135-0063　東京都江東区有明3-4-10　TFTビル西館
電話　03-5579-6725　　振替　00190-1-107340

組版　日本教材システム
印刷　藤原印刷
製本　上島製本

ISBN 978-4-316-80486-6　C3037